MATEMÁTICA DIVERTIDA E CURIOSA

Obras do autor

Amor de beduíno
Aventuras do rei Baribê
A caixa do futuro
Céu de Alá
A história da onça que queria acordar cedo
A hora da vingança
O homem que calculava
Lendas do céu e da terra
Lendas do deserto
Lendas do oásis
Lendas do bom rabi
Lendas do povo de Deus
O livro de Aladim
Matemática divertida e curiosa (Prof. Júlio César de Mello e Souza)
Os melhores contos
Maktub!
Meu anel de sete pedras
Mil histórias sem fim (2 volumes)
Minha vida querida
Novas lendas orientais
A pequenina luz azul
O rabi e o cocheiro
Salim, o mágico
Os sonhos do lenhador
O tesouro de Bresa

MALBA TAHAN

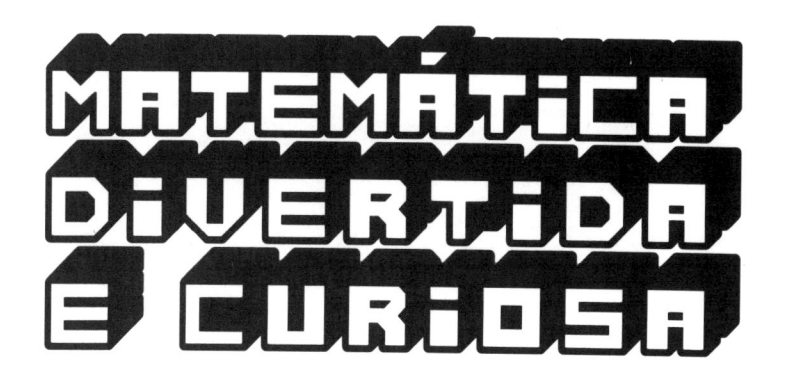

MATEMÁTICA DIVERTIDA E CURIOSA

39ª edição

EDITORA RECORD
RIO DE JANEIRO • SÃO PAULO
2024

CIP-BRASIL. CATALOGAÇÃO NA FONTE
SINDICATO NACIONAL DOS EDITORES DE LIVROS, RJ

S715m
39ª ed.

Souza, Júlio César de Mello e, 1985-1974
Matemática divertida e curiosa / Mello e Souza – 39ª ed. –
Rio de Janeiro: Record, 2024.

1. Matemática – Curiosidades. I. Título.

91-0560

CDD: 510
CDU: 51

Copyright © 1991 by Herdeiros de Malba Tahan

Texto revisado segundo o novo Acordo Ortográfico da Língua Portuguesa.

Direitos exclusivos desta edição reservados pela
EDITORA RECORD LTDA.
Rua Argentina, 171 – Rio de Janeiro, RJ – 20921-380 – Tel.: (21) 2585-2000

Impresso no Brasil

ISBN 978-85-01-03375-8

Seja um leitor preferencial Record
Cadastre-se em www.record.com.br
e receba informações sobre nossos
lançamentos e nossas promoções.

Atendimento e venda direta ao leitor:
sac@record.com.br

EDITORA AFILIADA

Sumário

Prefácio   11

Matemáticos feiticeiros   13
   A Geometria (Kant)   14
   Criaturas fenomenais   15
   O problema dos abacaxis   15
   As invenções da Matemática (Descartes)   17
   Ilusão de ótica   18
   O papiro Rhind   18
   A economia do Pão-Duro   20
   Tales de Mileto   21

Quantos versos têm *Os Lusíadas?*   23

Produtos curiosos   25
   A Geometria (Poincaré)   26
   A herança do fazendeiro   26
   Origem do sinal de adição   27

Números amigos   28
   A hipérbole de um poeta   30
   A Matemática dos caldeus   31
   O moinho de Faraday   33

O número 142857   34
   A origem da Geometria   38
   Pitágoras   39

Animais calculadores (Cecil Thiré)   40
   A forma do céu (Aristóteles)   41
   Um planeta descoberto pelo cálculo   42
   A nota de cem mil-réis   43

Origem do sinal de subtração   45
   A Geometria (Couturat)   46
   O problema da prancha   46
   Precocidade   47
   Platão   47

Uma subtração feita há mais de mil anos   49
   Ilusão   50
   Adivinhação Matemática   51
   Origem do sinal de multiplicação   53
   A praça quadrangular   53
   O símbolo dos Pitagóricos (Rouse Ball)   54
   A Matemática (Pedro Tavares)   55

O problema das abelhas   57

O emprego das letras no cálculo (Almeida Lisboa)   61

A Matemática na literatura, círculos e eixos   63
   Tales e a velha   65
   Ilusão de ótica   66
   O fim da ciência (Jacobi)   66

O problema da piscina   67
A noção do infinito (J. Tannery)   68
Aristóteles   68

Disposição curiosa   69
Um papa geômetra   70
Círculos diferentes   70

As noventa maçãs   72
Superfície e reta   74
Paradoxo geométrico 64 = 65   75
As coisas são números (Émile Picard)   76
Números perfeitos   77
Um erro de Anatole France   77

Multiplicação russa   79
Um grande número   81

O círculo   83
Papel de parede (Luis Freire)   85
Arquimedes   86

A Geometria de Chateaubriand   87
O problema das árvores   88

Problemas errados (Everardo Backheuser)   90
Blasfêmia de um rei (Émile Picard)   91
Ilusão de ótica   92

A Matemática na literatura, os ângulos   93

A Geometria e o amor   95
Eratóstenes   96

As pérolas do Rajá   97

Divisão áurea   99
  Percentagem   103
  Transformação curiosa   103
  Morte trágica de alguns matemáticos   104
  Leibniz   105
  Hiparco   106

O homem que calculava (Malba Tahan)   107

O problema da pista   118
  Retângulo áureo   119
  As potências de 11   119
  Ilusão de ótica   120
  Euclides   121
  Origem dos sinais de relação   121

Protágoras e o discípulo   123
  Com seis palitos   124

A bravata de Arquimedes (J. C. Mello e Souza)   126
  O estudo da Matemática (Euclides Roxo)   127
  Os sete navios (C. Laisant)   127
  Multiplicação pela esquerda   129
  Metamorfose do número 2   130
  Curvas e equações   131

O massacre dos judeus   132
  Os reis e a Geometria   133
  A modéstia de Sturm   134
  Morte de Hipátia   134

A coroa de Hierão   134
Epitáfio de Diofanto   135
Ptolomeu   136

Morte de Arquimedes   137

Lugar para o 6   139

Cone truncado   140
Sofisma algébrico   141
Elogio da Matemática (Amoroso Costa)   142

A linha reta   143
Os algarismos   146

O problema do xadrez (Malba Tahan)   148

A fama de Euclides   154
O número 100   154

Quadrados mágicos   156
Origem dos sinais de divisão   159

A mulher que pela ciência sacrificou a beleza (Luis Freire)   161

A numeração entre os selvagens (Raja Gabaglia)   163
A Geometria   165

Os grandes Geômetras (Omar Khayyam)   166

Relatividade (Amoroso Costa)   170

Amoroso Costa (Luis Freire)   172
Uma frase de Euler (Condorcet)   173
A Álgebra dos hindus (Pierre Boutroux)   173
Calculadores prodígios (M. d'Ocagne)   174

O elogio da Matemática   176
    Dualidade: Mais ×, Menos × (Pontes de Miranda)   178

Origem dos números fracionários (Amoroso Costa)   180
    Leibniz   181
    Hilbert, Cauchy   182

Índice Alfabético dos Autores   183

Prefácio

O presente volume contém exclusivamente recreações e curiosidades relativas à Matemática Elementar. Não foram, portanto, incluídos nesta obra as variedades e os problemas que envolvessem números transcendentes, funções algébricas, logaritmos, expressões imaginárias, curvas trigonométricas, geometrias não euclidianas, funções moduladas etc.

Achamos que seria mais interessante não dividir a matéria que constitui este livro em partes distintas segundo a natureza dos assuntos — Aritmética, Álgebra, Geometria etc. Assim, os leitores encontrarão entrelaçados — sem que tal disposição obedeça a lei alguma — problemas numéricos, anedotas, sofismas, contos, frases célebres etc.

Abolimos por completo as demonstrações algébricas complicadas e as questões que exigissem cálculos numéricos trabalhosos. Certos capítulos da Matemática são aqui abordados de modo elementar e intuitivo; não teriam mesmo cabimento, em um livro desta natureza, estudos desenvolvidos sobre os quadrados mágicos, sobre os números amigos ou sobre a divisão áurea.

Os professores de Matemática — salvo raras exceções — têm, em geral, acentuada tendência para o algebrismo árido e enfadonho. Em vez de problemas práticos, interessantes e simples, exigem sistematicamente de seus alunos verdadeiras charadas, cujo sentido o estudante não chega a penetrar. É bastante conhecida a frase do geômetra famoso que, depois de uma aula na Escola Politécnica, exclamou radiante: "Hoje, sim, estou satisfeito! Dei uma aula e ninguém entendeu!"

O maior inimigo da Matemática é, sem dúvida, o algebrista — que outra coisa não faz senão semear no espírito dos jovens essa injustificada aversão ao estudo da ciência mais simples, mais bela e mais útil. Lucraria a cultura geral do povo se os estudantes, plagiando a célebre exigência de Platão, escrevessem nas portas de suas escolas: "Não nos venha lecionar quem for algebrista."

Essa exigência, porém, não devia ser... platônica!

Matemáticos feiticeiros

Conta-nos Rebière[1] que o czar Ivan IV, apelidado o Terrível, propôs, certa vez, um problema a um geômetra de sua corte. Tratava-se de determinar quantos tijolos seriam necessários à construção de um edifício regular, cujas dimensões eram indicadas. A resposta foi rápida e a construção feita veio, mais tarde, demonstrar a exatidão dos cálculos. Ivan, impressionado com esse fato, mandou queimar o matemático, persuadido de que, assim procedendo, livrava o povo russo de um feiticeiro perigoso.

François Viète[2] — o fundador da Álgebra Moderna — foi também acusado de cultivar a feitiçaria.

Eis como os historiadores narram esse curioso episódio:

"Durante as guerras civis na França, os espanhóis serviam-se, para correspondência secreta, de um código em que figuravam cerca de 600 símbolos diferentes, periodicamente permutados segundo certa regra que só os súditos mais íntimos de Filipe II conheciam. Tendo sido, porém, interceptado

---
[1] Rebière — *Mathématiques e mathématiciens.*
[2] Matemático francês. Nasceu em 1540 e faleceu em 1603.

um despacho secreto da Espanha, Henrique IV, rei da França, resolveu entregar a sua decifração ao gênio maravilhoso de Viète. E o geômetra não só decifrou o documento apreendido como descobriu a palavra escrita no código espanhol. E dessa descoberta os franceses se utilizaram, com incalculável vantagem, durante dois anos.

Quando Filipe II soube que seus inimigos haviam descoberto o segredo do código tido até então como indecifrável, foi presa de grande espanto e rancor, apressando-se em levar ao papa Gregório XIII a denúncia de que os franceses, 'contrariamente à pratica da fé cristã', recorriam aos sortilégios diabólicos da feitiçaria, denúncia a que o sumo pontífice não deu a mínima atenção.

Não deixa, porém de ser curioso o fato de ter sido Viète por causa de seu talento matemático — incluído entre os magos e feiticeiros de seu tempo."[3]

A Geometria

A Geometria é uma ciência de todas as espécies possíveis de espaços.

Kant

---

[3] Cf. o artigo "François Viète" do livro *Álgebra — 3.º ano*, de Cecil Thiré e Mello e Souza.

Criaturas fenomenais

O escritor francês Alphonse Daudet, no seu livro *Tartarin de Tarascon* (p. 186) conta-nos um episódio de que destacamos o seguinte passo:

"Atrás do camelo quatro mil árabes corriam, pés nus, gesticulando, rindo como loucos e fazendo rebrilhar ao sol seiscentos mil dentes mui alvos."

Uma simples divisão de números inteiros nos mostra que Daudet, cuja vivacidade de espírito é inconfundível, atribuiu um total de 150 dentes para cada árabe, transformando os quatro mil perseguidores em criaturas fenomenais.

O problema dos abacaxis

Dois camponeses, *A* e *B*, encarregaram um feirante de vender duas partidas de abacaxis.

O camponês *A* entregou 30 abacaxis, que deviam ser vendidos à razão de 3 por 1$000; *B* entregou, também, 30 abacaxis para os quais estipulou preço um pouco mais caro, isto é, à razão de 2 por 1$000.

Era claro que, efetuada a venda, o camponês *A* devia receber 10$000 e o camponês *B*, 15$000. O total da venda seria, portanto, de 25$000.

Ao chegar, porém, à feira, o encarregado sentiu-se em dúvida.

— Se eu começar a venda pelos abacaxis mais caros, pensou, perco a freguesia; se inicio o negócio pelos mais baratos, encontrarei, depois, dificuldade para vender os outros. O melhor que tenho a fazer é vender as duas partidas ao mesmo tempo.

Chegado a essa conclusão, o atilado feirante reuniu os 60 abacaxis e começou a vendê-los aos grupos de 5 por 2$000. O negócio era justificado por um raciocínio muito simples:

— Se eu devia vender 3 por 1$000 e depois 2, também, por 1$000, será mais simples vender, logo, 5 por 2$000, isto é, à razão de 400 réis cada um.

Vendidos os 60 abacaxis, o feirante apurou 24$000. Como pagar os dois camponeses se o primeiro devia receber 10$000 e o segundo 15$000?

Havia uma diferença de 1$000 que o homenzinho não sabia como explicar, pois tinha feito o negócio com o máximo cuidado.

E, intrigadíssimo com o caso, repetia dezenas de vezes o raciocínio feito sem descobrir a razão da diferença:

— Vender 3 por 1$000 e, depois, vender 2 por 1$000 é a mesma coisa que vender logo 5 por 2$000!

E o raio da diferença de dez tostões a surgir na quantia total! E o feirante ameaçava a Matemática com pragas terríveis.

A solução do caso é simples e aparece, perfeitamente indicada, na figura abaixo. No retângulo superior estão indicados os abacaxis de *A* e no retângulo inferior, de *B*.

O feirante só dispunha — como a figura mostra — de 10 grupos que podiam ser vendidos, sem prejuízo, à razão de 5 por 2$000. Vendidos esses 10 grupos restavam 10 abacaxis que pertenciam exclusivamente ao camponês *B* e que portanto não podiam ser vendidos senão a 500 réis cada um.

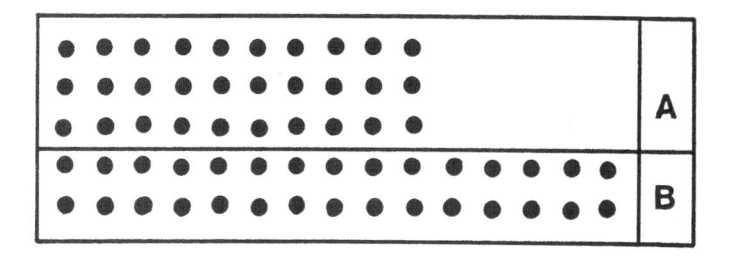

Resultou daí a diferença que o camponês verificou ao terminar o negócio, e que nunca pôde explicar!

As invenções da Matemática

Descartes

A Matemática apresenta invenções tão sutis que poderão servir não só para satisfazer os curiosos como, também, para auxiliar as artes e poupar trabalho aos homens.

Ilusão de ótica

A pessoa que examinar com atenção a curiosa figura acima será capaz de jurar que as curvas que nela aparecem são espirais perfeitas.

Essa afirmação é errônea. A figura constitui uma notável ilusão de ótica imaginada pelo Dr. Fraser.

Todas as curvas do desenho são círculos perfeitos. Um simples compasso trará essa certeza ao espírito do observador.

O papiro Rhind

Um colecionador inglês, chamado Rhind, adquiriu um documento antiquíssimo encontrado pelos árabes entre as ruínas dos túmulos dos faraós. Consistia esse documento —

conforme provaram os sábios que o traduziram — num papiro escrito vinte séculos antes de Cristo por um sacerdote egípcio chamado Ahmés.

Ninguém pode avaliar a dificuldade que os egiptólogos encontraram para levar a termo a tarefa de decifrar o papiro. No velho documento, tudo aparece confuso e emaranhado! Subordinado a um título pomposo — *Regras para inquirir a natureza, e para saber tudo que existe, cada mistério, cada segredo* —, não passa afinal o célebre papiro de um caderno de aluno contendo exercício de escola. É essa a opinião de um cientista notável, chamado Revillout, que analisou com o maior cuidado o documento egípcio.

O papiro contém problemas de Aritmética, questões de Geometria e várias regras empíricas para o cálculo de áreas e de volumes.

Vamos incluir aqui, a título de curiosidade, um problema do papiro:

Dividir 700 pães por 4 pessoas de modo a caber dois terços à primeira, um meio à segunda, um terço à terceira e um quarto à quarta.

No papiro de Ahmés — segundo mostrou o prof. Raja Gabaglia[4] —, em vários problemas a adição e a subtração aparecem indicadas por um sinal representado por duas pernas. Quando essas pernas estavam voltadas na direção da escrita, representavam *mais;* quando voltadas na direção oposta, indicavam *menos*. Foram esses, talvez, os primeiros sinais de operação usados em Matemática.

E o colecionador Rhind — por causa desse papiro — ficou célebre em Matemática sem ter jamais cultivado o estudo dessa ciência.

A economia do Pão-Duro

Um avarento — que o povo apelidara Pão-Duro —, movido pela mania mórbida de ajuntar dinheiro, resolveu, certa vez, economizar da seguinte forma: no primeiro dia do mês, guardaria num cofre 1 vintém; no segundo dia, 2 vinténs; no terceiro dia, 4 vinténs; no quarto dia, 8 vinténs e, assim, dobrando sucessivamente, durante trinta dias seguidos.

Quanto teria o Pão-Duro amealhado, desse modo, quando terminasse o mês? Mais de um conto de réis? Menos de um conto?

Para que o leitor não se sinta embaraçado, vamos dar alguns esclarecimentos.

---

[4]*Raja Gabaglia* — "O mais antigo documento de matemática que se conhece", 1899, p. 16.

Ao fim de uma semana, ou melhor, oito dias depois, o avarento teria economizado apenas 255 vinténs, isto é, 5$100.

E no fim das 4 semanas?

Um professor de Matemática propôs esse problema de improviso a uma turma de 50 estudantes. A solução devia ser dada mentalmente.

Um dos alunos respondeu logo que a soma não passaria de 500$000.

Outro avaliou em dois contos de réis a quantia final.

Um terceiro, inspirado por alguma desconfiança sobre o resultado do problema, assegurou que o Pão-Duro teria quase 200 contos de réis.

— Não chega a 100 contos! — afirmou com segurança o primeiro calculista da turma.

E afinal não houve um único estudante que dissesse um resultado aproximadamente verdadeiro.

Ao cabo de 30 dias, o avarento teria economizado um número de vinténs igual a 1073741824, o número que equivale à quantia de 21.474:836$480. Mais de vinte e um mil contos! O leitor não acredita? Faça então as contas e verifique como esse resultado é precisamente exato!

Os grandes Geômetras

TALES DE MILETO — *célebre astrônomo e matemático grego. Viveu cinco séculos antes de Cristo. Foi um dos sete sábios da Grécia e fundador da escola filosófica denominada Escola Jônica. Foi o primeiro a explicar a causa dos eclipses do Sol e da Lua. Descobriu várias proposições geométricas. Morreu aos noventa anos de idade, asfixiado pela multidão, quando se retirava de um espetáculo.*

Quantos versos têm *Os Lusíadas?*

*Como todos sabem, Os Lusíadas apresentam 1.102
estrofes e cada estrofe contém 8 versos.
Quantos versos tem todo o poema?*

Apresentado esse problema, a uma pessoa qualquer, ela responderá na certa:

— Isso é uma pergunta infantil. Basta multiplicar 1.102 por 8. *Os Lusíadas* têm 8.816 versos.

Pois essa resposta, com grande surpresa para os algebristas, não está certa. *Os Lusíadas,* embora tendo 1.102 estrofes com 8 versos cada uma, apresentam 8.814 versos e não 8.816, como era de esperar.

A razão é simples. Há neles dois versos repetidos, que não podem ser, portanto, contados duas vezes.

Ainda um novo problema sobre o número de versos do célebre poema épico português:

Quantos versos tem Camões em Os Lusíadas?

Aquele que responder que o imortal poeta compôs 8.114, julgando, desta vez, acertar, erra redondamente!

Camões apresenta em *Os Lusíadas* apenas 8.113 versos, pois dos 8.114 é preciso descontarmos um verso de Petrarca[1], incluído na estrofe 78 do Canto IX.

---

[1] O verso do lírico italiano é o seguinte: "Fra la spica e la man qual muro ho messo", e corresponde ao provérbio português: "Da mão à boca se perde muitas vezes a sopa."

Produtos curiosos

Alguns números, resultantes da multiplicação de fatores inteiros, apresentam seus algarismos dispostos de um modo singular. Esses números, que aparecem nos chamados *produtos curiosos*, têm sido objeto da atenção dos matemáticos.

Citemos alguns exemplos.

Tomemos o número 12345679 no qual figuram, na ordem crescente de seus valores, todos os algarismos significativos à exceção do 8.

Multipliquemos esse número pelos múltiplos de 9, a saber: 9, 18, 27, 36 etc., e obtemos:

$$12345679 \times 9 = 111111111$$
$$12345679 \times 18 = 222222222$$
$$12345679 \times 27 = 333333333$$
$$12345679 \times 36 = 444444444$$

Vemos que o produto é dado por um número de 9 algarismos iguais.

Os produtos que abaixo indicamos contêm um fator constante igual a 9

$$9 \times 9 = 81$$
$$9 \times 98 = 882$$
$$9 \times 987 = 8883$$
$$9 \times 9876 = 88884$$

apresentam, também, uma singularidade. Neles figura o algarismo 8 repetido 1,2,3 vezes etc., conforme o número de unidade do último algarismo à direita.

A Geometria

O espaço é o objeto que o geômetra deve estudar.

Poincaré

A herança do fazendeiro

Um fazendeiro deixou como herança para os seus quatro filhos um terreno em forma de um quadrado no qual havia mandado plantar 12 árvores.

O terreno devia ser dividido em 4 partes geometricamente iguais, contendo cada uma delas o mesmo número de árvores.

A figura II, à direita, indica claramente como devia ser repartido o terreno de modo que fossem obedecidas as exigências impostas pelo fazendeiro.

(I) (II)

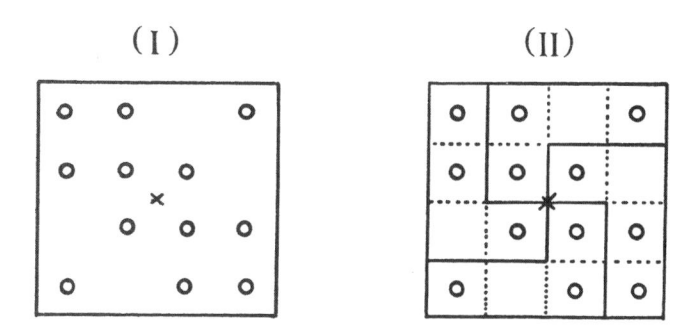

Origem do sinal de adição

O emprego regular do sinal + (mais) aparece na *Aritmética Comercial* de João Widman d'Eger publicada em Leipzig em 1489.

Os antigos matemáticos gregos, como se observa na obra de Diofanto, limitavam-se a indicar a adição justapondo as parcelas — sistema que ainda hoje adotamos quando queremos indicar a soma de um número inteiro com uma fração. Como sinal de operação *mais* usavam os algebristas italianos a letra *P*, inicial da palavra latina *plus*.

Números amigos

Certas propriedades relativas aos números inteiros recebem denominações curiosas, que não raras vezes surpreendem os espíritos desprevenidos ou não afeitos aos estudos das múltiplas transformações aritméticas. Alguns matemáticos procuram dentro da ciência abrir campos largos onde possam fazer aterrar — com a perícia de grandes pilotos — as mais extravagantes fantasias.

Citemos, para justificar a nossa asserção, o caso dos chamados números amigos, que são minuciosamente estudados em vários compêndios.

Como descobrir, perguntará o leitor, entre os números aqueles que estão presos pelos laços dessa amizade matemática? De que meios se utiliza o geômetra para apontar, na série numérica, os elementos ligados pela estima?

Em duas palavras podemos explicar em que consiste o conceito de números amigos em Matemática.

Consideremos, por exemplo, os números 220 e 284.

O número 220 é divisível exatamente pelos seguintes números:

1, 2, 4, 5, 10, 11, 20, 22, 44, 55 e 110

São esses os divisores de 220 e menores que 220.

O número 284 é, por sua vez, divisível exatamente pelos seguintes números:

$$1, 2, 4, 71 \text{ e } 142$$

São esses os divisores de 284, e menores que 284.

Pois bem. Há entre esses dois números uma coincidência realmente notável. Se somarmos os divisores de 220 acima indicados, vamos obter uma soma igual a 284; se somarmos os divisores de 284, o resultado será igual a 220. Dizem por isso os matemáticos que esses dois números são *amigos*.

Há uma infinidade de números amigos, mas até agora só foram calculados 26 pares.

Tomemos, por exemplo, o número 6, que é divisível pelos números 1, 2 e 3. A soma desses números (1 + 2 + 3) é igual a 6. Concluímos, portanto, que o número 6 é amigo de 6 mesmo, ou seja, é amigo dele próprio.

Já houve quem quisesse inferir desse fato ser o 6 um número egoísta.[1]

Mas isso — como diria Kipling — já é outra história...

---

[1] Leia o artigo subordinado ao título "Números perfeitos", neste mesmo livro.

A hipérbole de um poeta

Guilherme de Almeida, um dos nossos mais brilhantes poetas, tem no seu livro *Encantamento* (p. 57) uma linda poesia na qual incluiu os seguintes versos:

> *E como uma cobra,*
> *corre mole e desdobra*
> *então,*
> *em hipérboles lentas*
> *sete cores violentas*
> *no chão.*

A linda e original imagem sugerida pelo talentoso acadêmico não pode ser, infelizmente, admitida em Geometria. Uma hipérbole é uma curva do 2º grau, constituída de dois ramos, logo uma cobra, a não ser partida em quatro pedaços, jamais poderá formar *hipérboles lentas no chão*.

Em *Carta a minha noiva*, encontramos uma interessante expressão geométrica empregada também pelo laureado vate:

> *é no centro*
> *desse círculo que hás de ficar*
> *como um ponto;*
> *ponto final do longo e aborrecido conto.*

Para que alguma coisa possa ficar no centro de um círculo, deve ser, previamente, é claro, reduzida a um ponto, pois, segundo afirmam os matemáticos, o centro de um círculo é um ponto...

E, nesse "ponto", Guilherme de Almeida tem razão.

A Matemática dos caldeus

Certos documentos concernentes à Matemática dos caldeus datam de 3000 a.C.[2], ao passo que os documentos egípcios mais antigos precedem cerca de 1700 da era cristã.

Os fragmentos que vieram revelar à ciência o desenvolvimento da Matemática na famosa Babilônia são vastos, é verdade, mas completamente isolados uns dos outros.

Os caldeus adotavam — e a tal respeito não subsiste mais dúvida alguma — um sistema de numeração que tinha por base o número 60, isto é, no qual 60 unidades de uma ordem formam uma unidade de ordem imediatamente superior. E com tal sistema chegavam apenas ao número 12960000, que corresponde à quarta potência da base 60.

A Geometria dos caldeus e assírios tinha um caráter essencialmente prático e era utilizada nos diversos trabalhos rudimentares de agrimensura. Sabiam decompor, para determinação da área, um terreno irregular em triângulos retângulos, retângulos e trapézios. As áreas do quadrado (como caso particular do retângulo), do triângulo retângulo e do trapézio são corretamente estabelecidas. Chegaram também

---

[2] Abel Rey.

(3000 a.C.!) ao cálculo do volume do cubo, do paralelepípedo e talvez do cilindro.[3]

É interessante assinalar que na representação dos carros assírios as rodas apareciam sempre com 6 raios, opostos diametralmente e formando ângulos centrais iguais. Isso nos leva a concluir, com segurança, que os caldeus conheciam o hexágono regular e sabiam dividir a circunferência em 6 partes iguais. Cada uma dessas partes da circunferência era dividida em 60 partes também iguais (por causa do sistema de numeração) resultando daí a divisão total da circunferência em 360 partes ou graus.

---

[3]H. G. Zeuthen — *História da Matemática*.

O moinho de Faraday

Dizia Faraday, o célebre químico: "A Matemática é como um moinho de café que mói admiravelmente o que se lhe dá para moer, mas não devolve outra coisa senão o que se lhe deu."

O número 142857

Quando nos referimos aos *produtos curiosos,* procuramos destacar as singularidades que apresentam certos números pela disposição original de seus algarismos. O número 142857 é, nesse gênero, um dos mais interessantes da Matemática e pode ser incluído entre os chamados *números cabalísticos.*

Vejamos as transformações curiosas que podemos efetuar com esse número.

Multipliquemo-lo por 2. O produto será:

$$\begin{array}{r} 142857 \\ 2 \\ \hline 285714 \end{array}$$

Vemos que os algarismos do produto são os mesmos do número dado, escritos, porém, em outra ordem.

Efetuemos o produto do número 142857 por 3.

$$142857 \times 3 = 428571$$

Ainda uma vez observamos a mesma singularidade: os algarismos do produto são precisamente os mesmos do número, alterada apenas a ordem.

A mesma coisa ocorre, ainda, quando o número é multiplicado por 4, 5 e 6.

$$142857 \times 4 = 571428$$
$$142857 \times 5 = 714285$$
$$142857 \times 6 = 857142$$

Uma vez chegado ao fator 7, vamos notar outra particularidade. O número 142857 multiplicado por 7 dá para produto

$$999999$$

formado de seis noves!

Experimentem multiplicar o número 142857 por 8. O produto será:

$$\begin{array}{r} 142857 \\ 8 \\ \hline 1142856 \end{array}$$

Todos os algarismos do número aparecem ainda no produto, com exceção do 7. O 7 do número dado foi decomposto em duas partes 6 e 1. O algarismo 6 ficou à direita, e o 1 foi para a esquerda completar o produto.

Vejamos agora o que acontece quando multiplicamos o número 142857 por 9:

142857

9
___

1285713

Observem com atenção esse resultado. O único algarismo do multiplicando que não figura no produto é o 4. Que teria acontecido com esse 4? Aparece decomposto em duas parcelas 1 e 3 colocadas nos extremos do produto.

Do mesmo modo, poderíamos verificar as irregularidades que apresenta o número 142857 quando multiplicado por 11, 12, 13, 15, 17, 18 etc.

Alguns autores chegaram a afirmar que há uma espécie de *coesão,* entre os algarismos do número 142857, e que não permite que esses algarismos se separem.

Vários geômetras notáveis — Fourrey, E. Lucas, Rouse Ball, Guersey, Legendre e muitos outros — estudaram minuciosamente as propriedades do número 142857.

Fourrey, em seu livro *Récréations Arithmétiques,* apresenta-nos o produto do número 142857 por 327451. Ao efetuar essa operação, notamos uma interessante disposição numérica: as colunas dos produtos parciais são formadas por algarismos iguais.

Retomemos o número 142857 e determinemos o produto desse número pelos fatores 7, 14, 21, 28 etc., múltiplos de 7. Eis os resultados:

$$142857 \times 7 = 999999$$
$$142857 \times 14 = 1999998$$
$$142857 \times 21 = 2999997$$
$$142857 \times 28 = 3999996$$

Os resultados apresentam uma disposição muito interessante. O primeiro produto é um número formado de seis algarismos iguais a 9; no segundo produto aparecem apenas cinco algarismos iguais a 9, sendo que o sexto foi "decomposto" em duas parcelas que foram ocupar os extremos dos resultados. E assim por diante.

Como aparece em Aritmética esse número 142857? Se convertermos a fração ordinária

$$\frac{1}{7}$$

em número decimal, vamos obter uma dízima periódica simples cujo período é precisamente 142857. Quem já estudou frações ordinárias e decimais poderá compreender facilmente que as frações ordinárias

$$\frac{2}{7} \quad \frac{3}{7} \quad \frac{4}{7} \quad \frac{5}{7} \quad e \quad \frac{6}{7}$$

quando convertidas em decimais darão, também, periódicas simples, cujos períodos são formados pelos algarismos 1, 4, 2, 8, 5 e 7 que aparecerão em certa ordem, conforme o valor do numerador. Eis a explicação simples da famosa "coesão" aritmética pretendida por alguns pesquisadores.

Para os antigos matemáticos, o número 142857 era "cabalístico", com propriedades "misteriosas"; estudando, porém, do ponto de vista aritmético, não passa de um período de uma dízima periódica simples.

Estão no mesmo caso os períodos das dízimas obtidas com as frações

$$\frac{1}{17} \quad \frac{1}{23} \quad \text{etc.}$$

O número 142857, que alguns algebristas denominaram "número impertinente", não é, portanto, o único a apresentar particularidade em relação à permanência de algarismos nos diversos produtos.

A origem da Geometria

Os historiadores gregos, sem exceção, procuram colocar no Egito o berço da Geometria, e atribuir, portanto, aos habitantes do vale do Nilo a invenção dessa ciência. As periódicas inundações do célebre rio forçaram os egípcios ao estudo da Geometria, pois, uma vez passado o período da grande cheia, quando as águas retomavam o seu curso normal, era necessário repartir, novamente, as terras, e minar o grau de inteligência dos corvos, chegou a entregar aos senhores as antigas propriedades, perfeitamente delimitadas. A pequena faixa de terra, rica e fértil, era disputada por muitos interessados; faziam-se medições rigorosas a fim de que cada um, sem prejuízo dos outros, fosse reintegrado na posse exata de seus domínios.

Os grandes Geômetras

PITÁGORAS — *matemático e filósofo grego. Nasceu seis séculos a.C., na ilha de Samos. Fundou em Crótona, ao sul da Itália, uma escola filosófica que se tornou notável. Os seus discípulos denominavam-se os pitagóricos. Sobre a vida de Pitágoras há uma trama infindável de lendas.*

Morreu, em 470 a.C., assassinado em Tarento durante uma revolução política.

Animais calculadores

Cecil Thiré[1]

Um observador curioso, Leroy, querendo concluir com segurança, depois de várias experiências, que esses animais podem contar, sem erro, até cinco.
Eis o artifício empregado por Leroy.
Tendo verificado que os corvos nunca voltam para o ninho quando há alguém nas vizinhanças, fez construir uma choupana a pequena distância de um ninho de corvos. No primeiro dia, Leroy mandou que um homem entrasse na choupana e observou que os corvos não procuraram o ninho senão após o homem ter-se retirado da choupana. No segundo dia, a experiência foi feita com dois homens; os corvos aguardaram que os dois homens abandonassem o improvisado esconderijo. O mesmo resultado foi obtido sucessivamente, nos dias seguintes, com três, quatro e cinco homens.
Essas experiências mostraram, claramente, que os corvos contaram os homens não só quando estes entraram, mas

---
[1] Do livro *Matemática — 1.º ano*, de Cecil Thiré e Mello e Souza.

também depois, quando, com pequenos intervalos, saíam da choupana.

Com seis homens, as coisas já não se passaram do mesmo modo; os corvos enganaram-se na conta — para eles muito complicada — e voltaram para o ninho quando a choupana ainda abrigava alguns dos emissários de Leroy.

Os cães e os elefantes são, igualmente, dotados de admirável inteligência. Spencer, filósofo inglês, refere-se, no seu livro *A Justiça,* a um cão que contava até três.

E Lucas, nas suas originalíssimas *Récréations Mathématiques,* apresenta-nos um caso bastante singular. Trata-se de um chimpanzé do Jardim Zoológico de Londres, que aprendeu a contar até cinco.

A forma do céu

Aristóteles

O céu deve ser necessariamente esférico, pois a esfera, sendo gerada pela rotação do círculo, é, de todos os corpos, o mais perfeito.

Os números governam o mundo.

PLATÃO

Um planeta descoberto pelo cálculo

Em meados do século XIX os astrônomos haviam verificado, de modo indiscutível, que o planeta Urano apresentava certas irregularidades em seu movimento. Como explicar a causa dessas irregularidades?

O CÁLCULO DE
NETUNO

Fernandes Costa

Leverrier, que reviu
Um intricado problema,
Mais de um planeta previu
Dentro do nosso sistema.

E como assim o estudasse,
Ao saber-lhe o movimento,
Ordenou-lhe que brilhasse
Num ponto do firmamento!

O telescópio assestado
Foi logo, em face do céu,
E, no ponto designado,
Netuno compareceu.

Le Verrier, seguindo os conselhos de Arago, resolveu abordar a solução desse famoso problema astronômico. O sábio francês, que era ainda muito moço, pois tinha apenas 35 anos de idade, soube, desde logo, dar feliz orientação às suas pesquisas.

E, para abordar a questão, resolveu atribuir as perturbações de Urano a um astro cuja posição no céu era preciso determinar.

E Le Verrier, ainda na incerteza dos resultados, escreveu:

"Poder-se-á fixar o *ponto do céu onde os astrônomos observadores deverão reconhecer* o *corpo estranho, fonte de tantas dificuldades?"*[1]

Alguns meses depois, a solução era encontrada. No dia 1º de junho de 1846, Le Verrier apresentava à Academia Francesa as coordenadas celestes do planeta perturbador de Urano. Existiria, realmente, aquele astro que Le Verrier calculara mas que até então ninguém tinha visto? A academia recebeu com certa desconfiança a asserção arrojada do jovem matemático.

Galle, astrônomo do Observatório de Berlim, menos por convicção do que para atender ao pedido de Le Verrier, procurou observar o trecho da abóbada celeste onde devia achar-se o "planeta desconhecido", e verificou que ali existia um astro que correspondia exatamente à estimativa do sábio francês, como se fora feito *sob medida*. Esse astro recebeu o nome de Netuno.

Tal resultado, além de representar um incomparável triunfo para a Mecânica Celeste, veio demonstrar a fecundidade assombrosa das leis físicas quando empregadas judiciosamente.

A nota de cem mil-réis

Um indivíduo entrou numa sapataria e comprou um par de sapatos por 60$000, entregando, em pagamento, uma nota de 100$000.

---

[1] H. Vokringer — *Les étapes de la physique,* 1929, p. 196.

O sapateiro, que no momento não dispunha de troco, mandou que um de seus empregados fosse trocar a nota numa confeitaria próxima. Recebido o dinheiro, deu ao freguês o troco e o par de sapatos que havia sido adquirido.

Momentos depois, surgiu o dono da confeitaria exigindo a devolução do seu dinheiro: a nota era falsa! E o sapateiro viu-se forçado a devolver os cem mil-réis que havia recebido.

Surge, afinal, uma dúvida: qual foi o prejuízo que o sapateiro teve nesse complicado negócio?

A resposta é simples e fácil. Muita gente, porém, ficará embaraçada sem saber como esclarecer a questão.

O prejuízo do sapateiro foi de 40$000 e um par de sapatos.

Origem do sinal de subtração

É interessante observar as diferentes formas por que passou o sinal de subtração e as diversas letras de que os matemáticos se utilizaram para indicar a diferença entre dois elementos.

Na obra de Diofanto, entre as abreviaturas que constituíam a linguagem algébrica desse autor, encontra-se a letra grega ψ indicando subtração. Essa letra era empregada pelo famoso geômetra de Alexandria como sinal de operação invertida e truncada.

Para os hindus — como se encontra, na obra de Bhaskara[1] — o sinal de subtração consistia num simples ponto colocado sob o coeficiente do termo que servia de subtraendo.

A letra M — e, às vezes, também m — foi empregada, durante um longo período, para indicar a subtração, pelos algebristas italianos. Luca Pacioli, além de empregar a letra m, colocava entre os termos da subtração a expressão *DE*, abreviatura de *demptus*.

Aos alemães devemos a introdução do sinal – (menos), atribuído a Widman. Pensam alguns autores que o símbolo – (menos),

---

[1] Bhaskara — famoso astrônomo e matemático hindu. Viveu no século XII.

tão vulgarizado e tão simples, corresponde a uma forma limite para a qual tenderia a letra *m* quando escrita rapidamente. Aliás, Viète — considerado como o fundador da Álgebra moderna — escrevia o sinal = entre duas quantidades quando queria indicar a diferença entre elas.

A Geometria

A Geometria, em geral, passa ainda por ser a ciência do espaço.

Couturat

O problema da prancha

Um carpinteiro possui uma prancha de 0,80m de comprimento e 0,30m de largura.

Quer cortá-la em dois pedaços iguais de modo a obter uma peça retangular que tenha 1,20m de comprimento e 0,20m de largura.

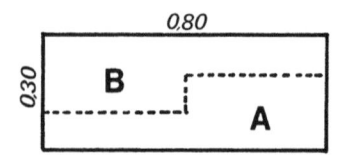

Solução

A prancha deve ser cortada, como indica a linha pontilhada, nos pedaços *A* e *B,* e esses pedaços deverão ser dispostos conforme indica a figura.

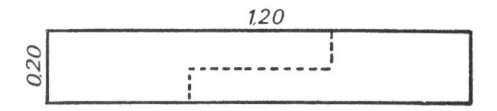

Precocidade

Blaise Pascal, aos 16 anos de idade, escreveu um tratado sobre as cônicas, considerado como um dos fundamentos da Geometria moderna.

Evaristo Galois, aos 15 anos, discutia e comentava as obras de Legendre e Lagrange.

Alexis Clairaut achava-se, aos dez anos, apto a ler e compreender as obras do marquês de l'Opitar sobre cálculo.

Joseph Bertrand, aos 11 anos, iniciava o curso na escola Politécnica, e aos 17 recebia o grau de doutor.

Nicolas Remi Abel, norueguês, filho de um pastor protestante, aos 16 anos de idade fazia investigações sobre o problema de resolução da equação do quinto grau. Morreu com 26 anos.

Os grandes Geômetras

PLATÃO — *geômetra e filósofo grego. Nasceu em Atenas no ano 430 e morreu no ano 347 a.C. Instruiu-se a princípio no Egito e mais tarde entre os pitagóricos. Introduziu na Geometria o método analítico, o estudo das seções cônicas e a doutrina dos lugares geométricos. Apelidou Deus de o* Eterno Geômetra *e mandou escrever por cima* da *entrada* de *sua escola* "Não entre aqui quem não for geômetra".

Uma subtração feita há mais de mil anos

Vamos mostrar como era feita, no ano 830, uma subtração de números inteiros.

Para que o leitor possa acompanhar com facilidade todas as operações, vamos empregar, na representação dos números, algarismos modernos.

Do número 12025 vamos tirar 3604.

A operação era iniciada pela esquerda (operação I). Dizemos: de 12 tirando 3 restam 9; cancelamos os algarismos considerados e escrevemos o resto obtido em cima do minuendo. (Veja figura na página seguinte.)

Continuamos: de 90 tirando 6 restam 84.

A diferença obtida (operação II) é escrita sobre o minuendo, e os algarismos que formavam os termos da subtração aparecem cancelados.

Finalmente: de 8425 tirando 4 restam 8421 (operação III).

```
    9              8̸              8̸
  1̸2̸025         1̸2̸̸8̸025         9̸4 1
  3̸604          3̸6̸04          1̸2̸0̸2̸5̸
                               3̸6̸0̸4̸
    (I)            (II)           (III)
```

É essa a diferença entre os números dados.

Era assim que Mohamed Ben Musa Alkarismí, geômetra árabe, um dos sábios mais notáveis do século IX, realizava uma subtração de números inteiros.[1]

Que coisa complicada!

Ilusão

Qualquer pessoa que observar a ilustração da página ao lado será capaz de pensar que das três figuras que aí aparecem o homem é a mais alta.

---
[1] Cf. Rey Pastor — *Elementos de Aritmética* — Madri, 1930.

Puro engano! Os três têm a mesma altura.

Adivinhação Matemática

Coloque à mesa várias cartas dispostas como indica a figura. Algumas das cartas (três, por exemplo) são postas em linha reta, e as outras formam uma curva que se fecha sobre a linha formada pelas primeiras.

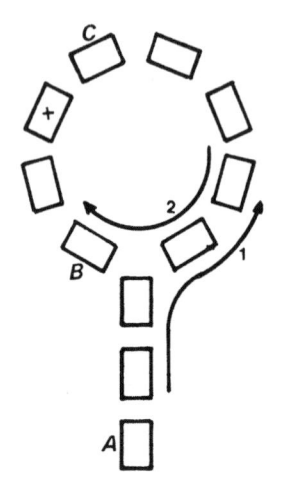

Isso feito, pede-se a uma pessoa que pense num número qualquer e conte, a partir da carta *A*, tantas cartas quantas forem as unidades desse número; e que a partir da última carta obtida retroceda, no caminho indicado pela seta 2, tantas cartas quantas forem as unidades do número pensado.

Podemos "adivinhar" imediatamente a carta a que a pessoa chegou sem conhecer o número e sem ver, muito menos, realizar as operações que acabamos de indicar.

Vamos supor que a pessoa tenha, por exemplo, pensado no número 8. Contando 8 a partir de *A* (seta 1), ela irá parar na carta *C*; retrocedendo 8 cartas a partir de *C* (seguindo a seta 2), ela irá fatalmente parar na carta indicada por uma cruz.

Para se saber a carta final deve-se contar de *B* (seta 2) tantas cartas quantas forem aquelas que estiverem em linha reta fora da curva.

Convém alterar sempre, depois de cada *adivinhação* feita, não só o número de cartas dispostas em linha reta como também o número de cartas que formam a curva.

Origem do sinal de multiplicação

O sinal ×, com que indicamos a multiplicação, é relativamente moderno. O matemático inglês Guilherme Oughtred, empregou-o, pela primeira vez, no livro *Clavis Matematicae* publicado em 1631. Ainda nesse mesmo ano, Harriot, para indicar também o produto a efetuar, colocava um ponto entre os fatores.

Em 1637, Descartes já se limitava a escrever os fatores justapostos, indicando, desse modo abreviado, um produto qualquer. Na obra de Leibniz encontra-se o sinal ⌒ para indicar multiplicação; esse mesmo símbolo colocado de modo inverso indicava divisão.

A praça quadrangular

Um proprietário possuía um terreno $A B C D$ com a forma exata de um quadrado. Vendeu uma quarta parte à prefeitura, e essa quarta parte $A G F E$ tinha também a forma de um quadrado.

A parte restante devia ser repartida em quatro partes que fossem iguais em forma e em tamanho.

Como resolver esse problema?

A figura II indica perfeitamente a solução.

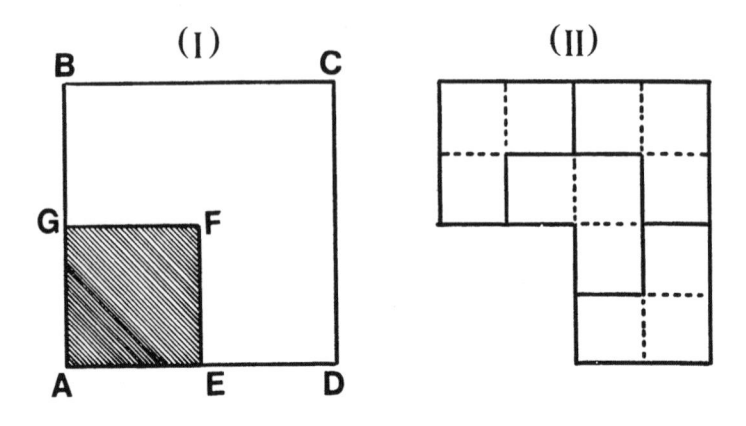

O símbolo dos Pitagóricos

Rouse Ball

Jâmblico, a quem devemos a revelação deste símbolo[1], refere que estando em jornada certo pitagórico, adoeceu na estalagem a que se recolhera para passar a noite. Era ele pobre e estava fatigado, mas o estalajadeiro, homem bondoso, prestou-lhe carinhosa assistência e tudo fez para restituir-lhe a saúde. Não obstante, a despeito de seu desvelo, o doente piorava. Percebendo que ia morrer e não podendo pagar o que devia ao estalajadeiro, o enfermo pediu uma tábua e nela traçou a famosa estrela simbólica. Apresentando-a ao seu hospedeiro, pediu-lhe que a pusesse suspensa à porta, de modo a poder ser vista por todos os transeuntes, asseverando-lhe que dia viria

---

[1] O símbolo dos pitagóricos era um pentágono regular estrelado.

em que sua caridade seria recompensada. O estudioso morreu, foi enterrado convenientemente, e a tábua exposta consoante o seu desejo.

Longo tempo decorrera quando, um dia, o símbolo sagrado atraiu a atenção de um viajante que passava pela hospedaria. Apeando-se, entrou nela e, depois de ter ouvido o relato do estalajadeiro, recompensou-o generosamente.

Tal é a anedota de Jâmblico. Se lhe falta veracidade é, ao menos, curiosa.

A Matemática

Pedro Tavares

A Matemática não é exclusivamente o instrumento destinado à explicação dos fenômenos da natureza, isto é, das leis naturais. Não. Ela possui também um valor filosófico, de que aliás ninguém duvida; um valor artístico, ou melhor, estético, capaz de lhe conferir o direito de ser cultivada por si mesma, tais as numerosas satisfações e júbilos que essa ciência nos proporciona. Já os gregos possuíam, num grau elevado, o sentimento da harmonia dos números e da beleza das formas geométricas.

O Problema das abelhas

Afirma Maeterlinck, no seu famoso livro sobre as abelhas, que esses animais, na construção de seus alvéolos, resolvem um problema de *alta matemática*.

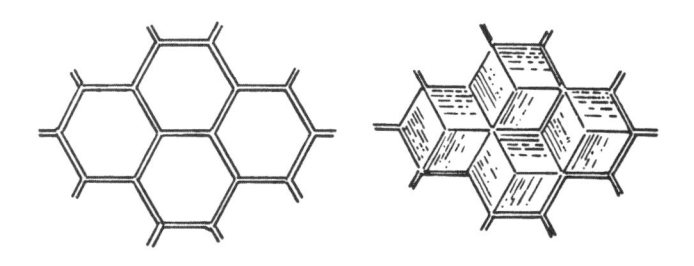

Há nessa asserção certo exagero do escritor belga: o problema que as abelhas resolvem pode ser abordado, sem grande dificuldade, com os recursos da Matemática elementar.

Não nos importa, porém, saber se o problema é elementar ou transcendente; a verdade é que esses pequeninos e laboriosos insetos resolvem um interessantíssimo problema por um artifício que chega a deslumbrar a inteligência humana.

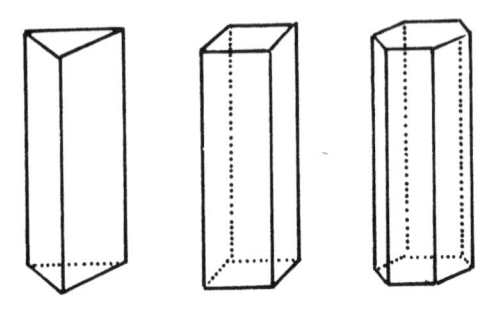

Todos sabem que a abelha constrói os seus alvéolos para neles depositar o mel que fabrica. Esses alvéolos são feitos de cera. A abelha procura, portanto, obter uma forma de alvéolos que seja a mais econômica possível, isto é, que apresente maior volume para a menor porção de material empregado.

É preciso que a parede de um alvéolo sirva, também, ao alvéolo vizinho. Logo, o alvéolo não pode ter forma cilíndrica, pois do contrário cada parede só serviria a um alvéolo.

Procuraram as abelhas uma forma prismática para os seus alvéolos. Os únicos prismas regulares que podem ser justapostos sem deixar interstício são: o triangular, o quadrangular e o hexagonal. Foi este último que as abelhas escolheram. E sabem por quê? Porque dos três prismas regulares *A, B* e *C* construídos com porção igual de cera, o prisma hexagonal é o que apresenta *maior volume*.

Eis o problema resolvido pelas abelhas:

Dados três prismas regulares da mesma altura A (triangular), B (quadrangular), C (hexagonal), tendo a mesma área lateral, qual é o que tem maior volume?

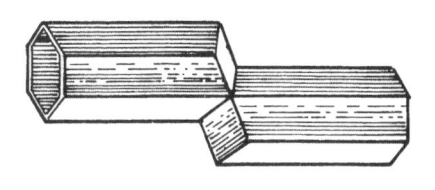

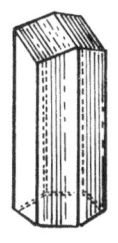

Uma vez determinada a forma dos alvéolos, era preciso fechá-los, isto é, determinar o meio mais econômico de cobrir os alvéolos.

A forma adotada foi a seguinte: o fundo de cada alvéolo é constituído de três losangos iguais.[1]

Maraldi, astrônomo do Observatório de Paris, determinou, experimentalmente, com absoluta precisão, os ângulos desse losango e achou 109°28', para o ângulo obtuso, e 70°32', para o ângulo agudo.

O físico Réaumur, supondo que as abelhas eram guiadas, na construção dos alvéolos por um princípio de economia, propôs ao geômetra alemão Koening, em 1739, o seguinte problema:

Entre todas as células hexagonais, com o fundo formado de três losangos, determinar a que seja construída com a maior economia de material.

Koening, que não conhecia os resultados obtidos por Maraldi, achou que os ângulos do losango do alvéolo *matematicamente mais econômico* deviam ser 109°26' para o ângulo obtuso e 70°34', para o ângulo agudo.

---

[1] A adoção do fundo romboidal traz, sobre o de fundo plano, uma economia de um alvéolo em cada 50 que são construídos.

A concordância entre as medidas feitas por Maraldi e os resultados calculados por Koening era espantosa. Os geômetras concluíram que as abelhas cometiam, na construção dos seus alvéolos, um erro de 2' no ângulo do losango de fechamento.[2]

Concluíram os homens de ciência que as abelhas erravam, mas entre o alvéolo que construíam e o alvéolo *matematicamente certo* havia uma diferença extremamente pequena.

Fato curioso! Alguns anos depois (1743), o geômetra Mac Laurin retomou novamente o problema e demonstrou que Koening havia errado e que o resultado era traduzido precisamente pelos valores dos ângulos dados por Maraldi — 109°28' e 70°32'.

A razão estava, pois, com as abelhas. O matemático Koening é que havia errado!

---

[2]Essa diferença é tão pequena que só pode ser apreciada com auxílio de instrumentos de precisão.

O emprego das letras no cálculo

Almeida Lisboa

Os gregos já empregavam letras para designar números e mesmo objetos. É com os gregos que surgem os primeiros vestígios do cálculo aritmético efetuado sobre *letras*. Diofanto de Alexandria (300 a.C.) empregava as letras com *abreviação*, mas só tinha um simbolismo perfeitamente sistematizado para uma única quantidade, para as suas potências até a sexta e para os inversos dessas potências. Em geral, os gregos representavam as quantidades por linhas, determinadas por uma ou duas letras, e raciocinavam como em Geometria.

Os cálculos sobre letras são mais numerosos nos autores hindus do que nos gregos. Os árabes do Oriente empregavam símbolos algébricos a partir da publicação da "Aljebr walmukâbala" de Alkarismí (século IX) e os árabes do Ocidente, a partir do século XII; no século XV, Alcalsâdi introduz novos símbolos.

A Álgebra moderna só adquire caráter próprio, independente da Aritmética, a partir de Viète, que sistematicamente substitui a Álgebra numérica pela Álgebra dos símbolos.

Viète não empregava o termo *Álgebra*, e sim *Análise*, para designar esta parte da ciência matemática onde brilha seu nome.

Outrora, atribuía-se a origem da palavra Álgebra ao nome do matemático árabe Geber; na realidade, esta origem acha-se na operação que os árabes denominavam *aljebr*.

A Matemática na literatura, círculos e eixos

É interessante observar as formas curiosas e imprevistas que os escritores e poetas, indiferentes às preocupações científicas, dão às expressões matemáticas de que se utilizam. Muitas vezes, para não sacrificar a elegância de uma frase, o escritor modifica um conceito puramente matemático, apresentando-o sob um aspecto que fica muito longe de ser rigoroso e exato. Submisso às exigências métricas, não hesitará, também, o poeta em menosprezar todos os fundamentos da velha Geometria.

Não só as formas essencialmente geométricas, como também muitas proposições algébricas, vestem os esqueletos de suas fórmulas com a indumentária vistosa da literatura.

Certos escritores inventam, por vezes, comparações tão abstrusas que fazem a hilaridade dos que cultivam a ciência de Lagrange. Vejamos, por exemplo, como o Sr. Elcias Lopes, no seu livro *Teia de aranha*[1] descreve a tarefa complicada de um aracnídeo:

---

[1] Elcias Lopes — *Teia de aranha*, p. 12.

À proporção que os fusos se desenrolam, a bilrar aquela caprichosa renda de filigranas, aumentam, ampliam-se e avultam os círculos concêntricos, sobrepostos uns aos outros, numa admirável simetria, e, ligados entre si, por um chuveiro de raios convergentes para o eixo central.

Esse longo período, que parece emaranhado no fio da própria tela, não tem sentido algum para o matemático. Aqueles *círculos concêntricos sobrepostos* formam uma figura que não pode ser definida em Geometria. E como poderíamos admitir "círculos concêntricos sobrepostos numa admirável simetria!" O sr. Elcias não ignora naturalmente que a aranha aplica, na construção da teia, princípios da Resistência dos Materiais relativos à distribuição mais econômica de forças num sistema em equilíbrio. E ainda mais: a aranha formando figuras homotéticas demonstra possuir esse "espírito geométrico" que o naturalista Huber, de Gênova, queria atribuir às abelhas. Uma aranha seria, pois, incapaz de conceber "círculos concêntricos simétricos". Simétricos em relação a quê? A um ponto? A uma reta?

E segundo o autor da *Teia de aranha*, os "círculos concêntricos" admitem um eixo central(!) para o qual convergem raios! A esse respeito pedimos a um professor de Desenho que traçasse numa folha de papel uma figura formada por "círculos concêntricos sobrepostos numa admirável simetria e ligados entre si por um chuveiro de raios convergentes para o eixo central". O professor confessou, desde logo, que era incapaz de reproduzir essa figura pelo simples fato de não poder concebê-la.

Qualquer estudante bisonho da 1ª série ginasial sabe que um eixo não pode ser um ponto. A noção de eixo é simples, elementar, quase intuitiva. Admiremos agora a definição dada pelo ilustre padre Augusto Magne:[2]

Eixo é o ponto sobre o qual se move um corpo que gira.

O eminente sacerdote e filólogo que formulou essa definição estava longe de imaginar que ela poderia ser, mais tarde, passada pelo cadinho severo do rigor matemático. A definição de eixo (como sendo um ponto), completamente errada, é inaceitável.

Tales e a velha

Eis um dos muitos episódios anedóticos atribuídos a Tales:
Uma noite passeava o filósofo completamente absorto na contemplação das estrelas e, por não ter dado atenção alguma ao terreno em que pisava, caiu descuidado dentro de um grande fosso. Uma velha, que casualmente assistira à desastrada queda de Tales, observou-lhe: "Como quereis, ó sábio!, aprender o que se passa no céu se nem ao menos sois capaz de saber o que ocorre a vossos pés?"

IVXLC DCD oo

Algarismos romanos

---

[2]Padre Augusto Magne, S. J. — *Revista de Filologia e História* — tomo I, fascículo IV, p. 16.

Ilusão de ótica

Pedimos ao leitor que observe com atenção a figura abaixo, na qual aparece um quadrilátero formado por dois paralelogramos. Em cada um desses paralelogramos foi traçada uma diagonal.

Qual das duas diagonais *AB* e *BC* é a maior?

A figura parece mostrar que *AB* é maior do que *BC*.

Puro engano — consequência de uma ilusão de ótica. Os segmentos *AB* e *BC* são perfeitamente iguais.

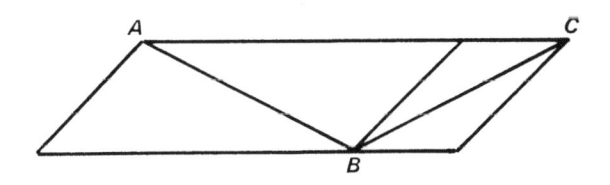

O fim da ciência

Jacobi

O fim único da Ciência é a honra do espírito humano, e tanto vale, afinal, uma questão sobre a teoria dos números como um problema sobre o sistema do mundo.

Disposição curiosa

Tomemos o quadrado de 4 e o quadrado de 34.

$$4^2 = 16$$
$$34^2 = 1156$$

Notemos uma disposição curiosa: para se passar de 16 (quadrado de 4) a 1156 (quadrado de 34), é suficiente colocar o número 15 entre os algarismos de 16.

Experimentemos agora colocar entre os algarismos do quadrado de 34, isto é, entre os algarismos de 1156 o número 15. Vamos formar, desse modo, o número 111556 que é, precisamente, o quadrado de 334.

É inútil levar adiante as nossas pesquisas. Já descobrimos uma disposição curiosa que apresentam os algarismos que formam os quadrados dos números, 4, 34, 334, 3334 etc. Cada um deles é obtido pela intercalação feita do número 15 entre os algarismos do anterior. Eis os resultados:

$$4^2 = 16$$
$$34^2 = 1156$$
$$334^2 = 111556$$
$$3334^2 = 11115556$$

Será possível descobrirem-se formações análogas para outras séries de quadrados? Vale a pena, por exemplo, a experiência com os números 7, 67, 667 etc.

Um papa geômetra

Gerbert, geômetra famoso, arcebispo de Ravena, subiu à cátedra de São Pedro no ano 999.

Esse homem, apontado como um dos mais sábios de seu tempo, teve o nome de Silvestre II na série dos papas. Foi o primeiro a vulgarizar no Ocidente latino o emprego dos algarismos arábicos.

Faleceu no ano de 1003.[1]

Círculos diferentes

O problema proposto é o seguinte:

Com a mesma abertura do compasso traçar quatro círculos diferentes.

---

[1] Cf. o artigo do Padre Leonel Franca, S. J. no livro *Matemática, 2.º ano*, de Thiré e Mello e Souza.

A figura abaixo mostra, claramente, como se deve proceder para chegar-se à solução desejada.

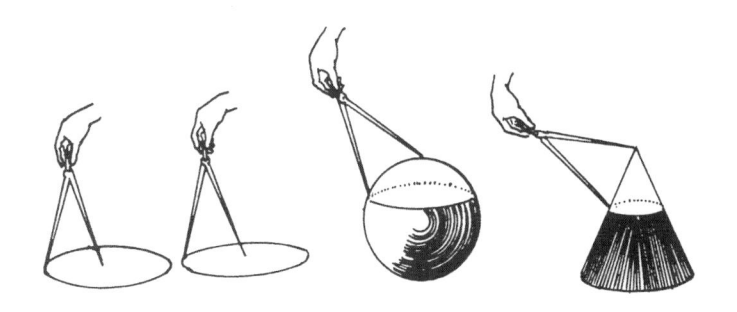

As noventa maçãs

Um camponês tinha três filhas, e como quisesse, certa vez, pôr à prova a inteligência das jovens, chamou-as e disse-lhes:

— Aqui estão 90 maçãs que vocês deverão vender no mercado. Maria, que é a mais velha, levará 50; Clara receberá 30, e Lúcia ficará com as 10 restantes. Se Maria vender 7 maçãs por um tostão, as outras deverão vender também pelo mesmo preço, isto é, 7 maçãs por um tostão; se Maria resolver vender a 300 réis cada uma, será esse o preço pelo qual Clara e Lúcia deverão vender as maçãs que possuírem. O negócio deve ser feito de modo que todas as três apurem, com a venda das maçãs, a mesma quantia.

— E eu não posso dar de presente algumas das maçãs que levo? — perguntou Maria.

— De modo algum — replicou o velho camponês. — A condição por mim imposta é essa: Maria deve vender 50, Clara deve vender 30, e Lúcia só poderá vender 10. E pelo preço que Maria vender, as outras devem também vender. Façam a venda de modo que apurem, no final, quantias iguais.

E como as moças se sentissem atrapalhadas, resolveram consultar, sobre o complicado problema, um mestre-escola que morava nas vizinhanças.

O mestre-escola, depois de meditar durante alguns minutos, disse:

— Esse problema é muito simples. Vendam as maçãs conforme o velho determinou e chegarão ao resultado que ele pediu.

As jovens foram ao mercado e venderam as maçãs; Maria vendeu 50; Clara vendeu 30 e Lúcia 10. O preço foi o mesmo para todas, e cada uma apurou a mesma quantia.

Diga-nos agora o leitor como as moças resolveram a questão?

Solução

Maria iniciou a venda fixando o preço de 7 maçãs por um tostão. Vendeu desse modo 49 maçãs, ficando com uma de resto, e apurou nessa primeira venda 700 réis. Clara, obrigada a ceder as maçãs pelo mesmo preço, vendeu 28 por 400 réis, ficando com duas de resto. Lúcia, que dispunha de 10 maçãs, vendeu sete por um tostão ficando com 3 de resto.

A seguir, Maria vendeu a maçã com que ficara por 300 réis. Clara, segundo a condição imposta pelo pai, vendeu as duas maçãs que ainda possuía pelo novo preço, isto é, a 300 réis cada uma, obtendo 600 réis, e Lúcia vendeu as três maçãs de resto por 900 réis, isto é, também a 300 réis cada uma.

Terminado o negócio, como é fácil verificar, cada uma das moças apurou 1$000.

Superfície e reta

Os conceitos de "superfície" e de "reta", que os geômetras aceitam sem definição, aparecem na linguagem literária como se tivessem a mesma significação. Do livro *Veneno interior*, do apreciado escritor e filósofo Carlos da Veiga Lima, destaquemos o seguinte aforismo:

A alma é uma superfície para a nossa visão — linha reta para o infinito.

Esse pensamento, analisado do ponto de vista matemático, é incompreensível. Se a alma é uma "superfície para a nossa visão", não pode ser, em caso algum, linha reta para o infinito. Os algebristas demonstram, realmente, a existência de uma reta cujos pontos estão infinitamente afastados do nosso universo e que se denomina, por causa de certas propriedades, "reta do infinito". É possível que o Dr. Veiga Lima tivesse querido comparar a alma a essa reta do infinito. Nesse caso, porém, seria conveniente abandonar a superfície e adaptar a alma a uma espécie de Geometria "filosófica" unidimensional.

O plano, sendo a mais simples das superfícies, é caracterizado por meio de postulados. Os escritores — que jamais leram um Legendre ou folhearam um Hadamard — atribuem ao plano propriedades indemonstráveis para o geômetra. Peregrino Júnior, no livro *Pussanga,* diz o seguinte (p. 168):

"A paisagem obedece à monotonia de planos geométricos invariáveis."

Como poderíamos definir um plano geométrico invariável? Pela sua posição em relação a pontos fixos determinados, ou pela propriedade das figuras sobre ele traçadas?

Aliás, convém acentuar que a impropriedade de linguagem que apontamos em Peregrino Júnior não chega a constituir erro em Matemática. Não vemos, por exemplo, Euclides da Cunha, escritor e engenheiro, falar, em "círculo irregular" — expressão que não tem sentido para o geômetra?

Paradoxo geométrico
64 = 65

Tomemos um quadrado de 64 casas e façamos a decomposição desse quadrado, como indica a figura, em trapézios retângulos e em triângulos.

Reunindo esses trapézios e triângulos como vemos na figura II, vamos obter um retângulo de 13 por base e 5 de altura, isto é, um retângulo de 65 casas.

Ora, como o retângulo das 65 casas foi formado pelas partes em que decompusemos o quadrado, o número de casas do retângulo deve ser precisamente igual ao número de casas do quadrado. Logo, temos:

$$64 = 65$$

Igualdade que exprime um absurdo.

A sutileza desse sofisma consiste no seguinte: as partes em que o quadrado foi decomposto não formam precisamente um retângulo. Pela posição em que deviam ficar, os dois segmentos que formam a suposta *diagonal* do retângulo não são

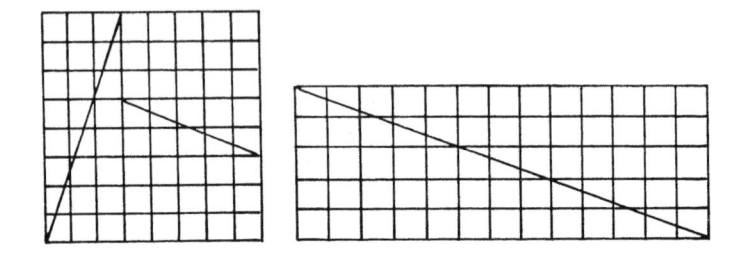

colineares. Há uma pequena diferença de ângulo, e entre os dois traços devia ficar um intervalo vazio equivalente precisamente a uma casa.

As coisas são números

Émile Picard

Ao nome de Pitágoras prende-se a explicação de tudo por meio dos números, e uma célebre fórmula de sua escola, que era toda uma metafísica, proclamava que *"as coisas são números"*. Ao mesmo tempo, a Geometria se constitui; seus progressos incessantes fazem dela, a pouco e pouco, o tipo ideal da ciência, onde tudo é de uma inteligibilidade perfeita, e Platão escreve na entrada de sua escola: "Não entre aqui quem não for geômetra."

Números perfeitos

A denominação de *número perfeito* é dada a um número inteiro quando esse número é igual à soma dos seus próprios divisores — excluindo-se, é claro, dentre esses divisores o próprio número.

Assim, por exemplo, o número 28 apresenta cinco divisores menores que 28. São: 1, 2, 4, 7 e 14.

A soma desses divisores é 28.

$$1 + 2 + 4 + 7 + 14 = 28$$

Logo, segundo a definição dada acima, o número 28 pertence à categoria dos números perfeitos.

E entre os números perfeitos já calculados podemos citar:

$$6, 28, 496 \text{ e } 8128$$

Só conhecemos números perfeitos pares. Descartes acreditava na possibilidade de se determinar números perfeitos ímpares.[1]

Um erro de Anatole France

O erro vem, às vezes, insinuar-se nas obras literárias mais famosas. Anatole France, no romance *Thais* (50ª ed., p. 279),

---
[1] Eduardo Lucas — *Théorie des nombres*, 1891, p. 376.

revelou completa ignorância em Cosmografia. Vale a pena reproduzir a cincada do célebre imaginador de "Sylvestre Bonnard":

"Antoine demanda:
— Doux enfant, que vois-tu encore? Paul promena vainement ses regards du zenith au nadir, du couchant au levant quand tout à coup ses yeux rencontrèrent l'abbé d'Antinoé."

Eis aí relatada uma proeza impraticável. Todo mundo sabe que a ninguém é possível "correr os olhos do zênite ao nadir", visto que para um observador qualquer que seja o nadir fica no hemisfério celeste invisível.

Multiplicação russa

Aos antigos camponeses russos atribuem alguns matemáticos um processo especial de multiplicação, processo que nada tem de simples mas que não deixa de apresentar uma face curiosa.

Vamos supor que, movidos por uma desmedida excentricidade, resolvemos aplicar o sistema russo para obter o produto do número 36, pelo número 13.

Escrevemos os dois fatores (36 e 13), um ao lado do outro, e um pouco afastados:

$$36 \qquad 13$$

Determinemos a metade do primeiro e o dobro do segundo, escrevendo os resultados embaixo dos fatores correspondentes:

$$\begin{array}{cc} 36 & 13 \\ 18 & 26 \end{array}$$

Procedamos do mesmo modo com os resultados obtidos; isto é, tomemos a metade do primeiro e o dobro do segundo:

36	13
18	26
9	52

Vamos repetir a mesma operação: calcular a metade do número à esquerda e o dobro do número à direita. Como chegamos a um número ímpar (que no nosso caso é 9), devemos subtrair uma unidade e tomar a metade do resultado. De 9, tirando 1 fica 8, cuja metade é 4. E assim procedamos até chegarmos ao termo igual a 1 na coluna à esquerda.

Temos, portanto:

36	13
18	26
9	52 (×)
4	104
2	208
1	416 (×)

Somemos os números da coluna à direita que correspondem aos números ímpares da coluna à esquerda. (Esses números estão marcados com o sinal (×).) Essa soma será:

$$52 + 416 = 468$$

O resultado assim obtido (468) será o produto do número 36 por 13.

Ainda um exemplo: vamos multiplicar, por esse extravagante processo, o número 45 por 32.

45	32 (×)
22	64
11	128 (×)
5	256 (×)
2	512
1	1024 (×)

Somando os números (×), que correspondem aos termos ímpares da coluna à esquerda, obtemos o resultado 1440, que exprime o produto de 45 por 32.

O chamado "processo dos camponeses russos", que acabamos de indicar, não passa de uma simples curiosidade aritmética, pois o processo que aprendemos nas nossas escolas pode ser muito burguês, mas não deixa de ser muitíssimo mais simples e mais prático.

Um grande número

Denomina-se *fatorial* de um número ao produto dos números naturais desde 1 até esse número.[1]

Assim, por exemplo, o fatorial de 5 é dado pelo produto $1 \times 2 \times 3 \times 4 \times 5$.

Essa expressão é indicada abreviadamente pela notação 5! que se lê: *fatorial* de 5.

Determinemos os fatoriais de alguns números:

---

[1] Esse número é suposto inteiro e positivo. Segundo convenção, o fatorial da unidade e o fatorial de zero são iguais a 1.

$$3! = 6$$
$$4! = 24$$
$$5! = 120$$
$$9! = 362880$$

Com auxílio do sinal de fatorial podemos escrever expressões numéricas muito interessantes.

Calculemos, por exemplo, o fatorial de 362880, isto é, o produto de todos os números desde 1 até 362880. Esse produto é, como já sabemos, indicado pela notação

$$362880!$$

Esse número 362880 que aí figura é o fatorial de 9; podemos, portanto, substituí-lo pelo símbolo 9!. Temos pois:

$$362880! = (9!)!$$

Esse número (9!)!, no qual figura um único algarismo igual a 9, se fosse calculado e escrito com algarismos de tamanho comum, teria cerca de 140 quilômetros de comprimento.

É um número respeitável!

O círculo

Pitágoras considerava o círculo como a figura plana mais perfeita, ligando, assim, a ideia de círculo à de perfeição.[1]

"Durante muitos séculos", escreve Raul Bricard, "ninguém poderia duvidar que, sendo o universo perfeito, as órbitas dos astros não fossem rigorosamente circulares."

"Devant le mouvement périodique d'un point que décrit un cercle, l'instinct métaphysique s'est ému il a conçu cet infini fermé qu'est l'Eternel Retour, et l'on ne saurait dégager d'images tournantes la doctrine antique dont Nietzsche s'est naïvement cru le père."[2]

Há um contraste frisante entre a facilidade com que definimos a circunferência e a dificuldade, até agora inextricável, que se nos depara quando tentamos formular a definição de reta. E essa disparidade constitui, no campo das investigações geométricas, uma particularidade que deve ser sublinhada.

---

[1] Montucla — *Histoire des Mathématiques*, 1 vol. p. 109.
[2] R. Bricard — Do prefácio escrito para o livro *Géométrie du Compas*, de A. Quemper de Lonascol.

A importância do círculo nas preocupações humanas pode ser demonstrada por uma observação de fundo puramente etimológico; são inúmeras as palavras, apontadas nos dicionários entre as que se derivam do vocábulo que em grego significava "círculo". Quando um indivíduo desocupado atira pedras na água tranquila, para admirar os círculos concêntricos que se formam na superfície, revela, sem querer, através da sua estranha ciclolatria, uma acentuada tendência para chegar-se ao filósofo pitagórico que pretendia construir o universo unicamente com círculos.[3]

Não menos interessante é a observação que decorre do traçado da reta e do círculo: Para se traçar um segmento de reta, é indispensável uma boa régua; ao passo que com um compasso qualquer, grosseiro e malfeito, que apresente segurança entre as hastes, podemos obter uma circunferência perfeita. Daí a importância que tem, do ponto de vista do rigor das soluções, a *Geometria do compasso* devida ao matemático italiano Rev. Mascheroni.[4]

Na *Geometria do compasso*, os diversos problemas são resolvidos unicamente com o emprego desse instrumento. "Para mais salientar o interesse das construções geométricas, basta lembrar que os métodos gráficos constituem hoje admirável instrumento de cálculo, empregado em Física, em Astronomia e em todos os ramos da engenharia."[5]

---

[3] R. Bricard — Op. cit.
[4] O abade Mascheroni dell'Olmo, poeta e matemático, nasceu em 1730 e faleceu em 1800. Manteve relações de amizade com Napoleão a quem dedicou não só a sua principal obra de matemática como muitas das produções poéticas que deixou.
[5] Almeida Lisboa — *Geometria do compasso*.

Papel de parede

Luis Freire[6]

O general Curvino Krukowiski, depois de obtida a sua reforma, havendo-se retirado para Palibino, com a família, mandou forrar de papel as paredes de sua nova residência. Como, porém, o papel de que dispunha não fosse suficiente para forrar as paredes do quarto das duas filhas, lançou-se mão das folhas de um tratado de cálculo infinitesimal pelo qual Krukowiski estudara esse ramo da Matemática.

Nesse incidente fortuito se encontra a fagulha que haveria de incendiar, numa explosão de altas concepções matemáticas, um cérebro genial de mulher: a jovem Sofia Curvino[7], filha do general, volveu toda a proverbial curiosidade do seu sexo para aquele mundo de infinitamente pequenos — tão infinitamente grande de belezas e sugestões — que constelava as paredes do quarto.

E naquele original papel de parede do seu quarto de moça estava escrito, traçado, todo um destino em equações. Sofia ansiou em conhecê-lo, procurando assim, compreender a linguagem potentíssima que os símbolos falam e que bem poucos sabem realmente interpretar.

---

[6]Trecho de um artigo publicado na *Revista Brasileira de Matemática*.
[7]Tornou-se, mais tarde, Sofia Kovalewski, que pode ser citada entre os grandes matemáticos do século XIX. Convém ler a biografia de Sonia no livro *Matemática — 2.º ano* de Thiré e Mello e Souza.

Os grandes Geômetras

ARQUIMEDES — *o mais célebre dos geômetras. Viveu três séculos antes de Cristo. É admirável a obra que realizou com os fracos recursos da ciência de sua época. Produziu memoráveis trabalhos sobre assuntos de Aritmética, Geometria, Mecânica, Hidrostática e Astronomia. De todos esses ramos da ciência, tratou com maestria "apresentando conhecimentos novos, explorando teorias novas, com uma originalidade que dá ao geômetra o mais alto posto na História". Morreu em 212 a.C., assassinado por um soldado romano.*

A Geometria de Chateaubriand

A imaginação do escritor quando procura dar vivacidade e colorido a uma descrição não poupa nem mesmo as figuras geométricas mais simples. A fantasia caprichosa dos literatos de talento não encontra barreira diante dos rigores formais da Matemática.

Vamos colher um curioso exemplo na obra admirável de Chateaubriand. Esse célebre escritor francês, autor do *Génie du Christianisme* ao descrever o prodígio de um canadense que encantava serpentes ao som de um flauta, diz precisamente o seguinte:

> "*Começou, então, o canadense a tocar sua flauta. A serpente fez um movimento de surpresa e atirou a cabeça para trás. À medida que era dominada pelo efeito mágico, os olhos perdiam a aspereza, as vibrações da cauda tornavam-se mais lentas e o ruído que ela emitia diminuía lentamente até se extinguir.*
>
> "*Menos perpendicular sobre a sua linha espiral, as curvas da serpente encantada vêm uma a uma pousar sobre a terra em círculos concêntricos.*"

(*Génie du Christianisme,* parte I, livro III, capítulo II).

Não é possível que uma serpente repouse no solo formando com o corpo "círculos concêntricos". Ainda mais: não há em Geometria uma linha que seja, em relação a outra, *menos* perpendicular. O autor de *Atalá* ignorava, com certeza, como se define em Matemática o ângulo de uma reta com uma curva.

Dirão, afinal, os admiradores de Chateaubriand:

"Sendo atraente o estilo e agradável a descrição, que importa a Geometria!"

Chegamos assim a um ponto, em relação ao qual não desejamos, de modo algum, manter polêmica com o leitor.

O problema das árvores

Em um terreno de forma quadrada um proprietário fizera erguer uma casa. Nesse terreno existiam, plantadas segundo a disposição regular, 15 árvores.

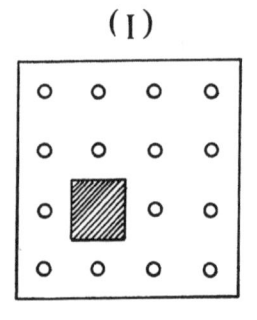

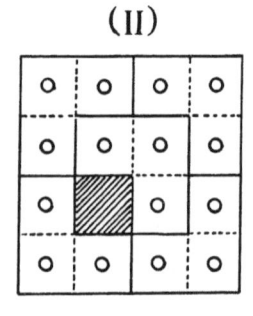

Como dividir o terreno em 5 partes iguais em forma e em grandeza, de modo que cada uma dessas partes contenham o mesmo número de árvores?

A solução é indicada pela figura II.

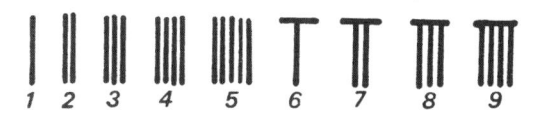

Algarismos chineses

Problemas errados

Everardo Backheuser[1]

São frequentemente apresentados aos meninos e meninas problemas cuja verificação nos fatos da vida prática deixaria mal o professor que os formulasse. Como exemplo deste caso, podemos relembrar os famosos problemas sobre "construção de um muro" ou sobre "fabrico de pano" por certo número de operários. Preparados sem a preocupação de adaptá-los à realidade, acabam se tornando ridículos.

Seja, por exemplo: *3 operários fazem um muro de 40m de comprimento, 2m de altura e 0,25m de espessura em 15 dias; quantos dias serão necessários para que 4 operários executem um muro de 35m de comprimento, 1,5m de altura e 0,20m de espessura?*

O resultado aritmético dessa "regra de três" dará, evidentemente, uma solução expressa por um número de dias inferior a 15. Todavia, qualquer pedreiro rir-se-á do resultado, porque, para fazer-se um muro de 0,20m em vez de 0,25m de espessura, gasta-se muito mais tempo. E a razão é simples: 0,25m é a espessura correspondente ao comprimento do tijolo; para

---

[1] Do livro *A Aritmética na escola primária*.

a espessura de (0,20m) que é um pouco menor, impõe-se o trabalho de quebrar os tijolos segundo o comprimento desejado, o que vai exigir, para a execução da obra, um espaço de tempo muito maior.

A mesma disparidade entre a solução matemática e o resultado real ocorre com o problema relativo ao fabrico do pano: *"Se tantos operários fazem certo número de metros de pano de 1,50m de largura em dado prazo, qual o tempo para, mantidas as demais condições, se fabricar pano de 0,20m de largura?"* O resultado aritmético seria de menos de metade do tempo, ao passo que na prática o tempo é, rigorosamente, o mesmo, porquanto o tear não trabalha mais rapidamente em função da largura do tecido.

Assim como estes, inúmeros outros são os casos em que o organizador de problemas se deve documentar previamente para evitar *absurdos* sem conta.

Blasfêmia de um rei

Émile Picard

Conta-se que no século XIII Afonso, o Sábio, rei de Castela, tendo ordenado aos astrônomos árabes que construíssem tábuas dos movimentos planetários, achou-as bastante complicadas, e exclamou: "Se Deus, antes de criar o mundo, tivesse me consultado, teria feito melhor as coisas." Não endossamos a blasfêmia do rei de Castela, e repetiremos, mais modestamente, a frase que o grande matemático Galois, algumas horas antes da sua morte prematura, escrevera numa espécie de testamento:

"A ciência é obra do espírito humano, que é antes destinado a estudar do que a conhecer, a procurar a verdade, do que a achá-la."

Ilusão de ótica

No desenho abaixo aparecem nada menos que seis figuras geométricas.

Aquele que as observar com certa atenção será levado a afirmar que os lados das figuras que estão na parte superior do quadro são maiores do que os lados correspondentes das figuras de baixo.

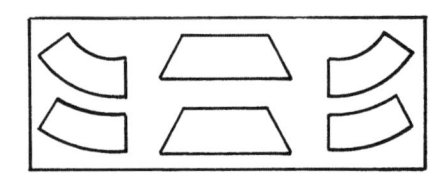

Existe, entretanto, uma ilusão de ótica que nos conduz a uma impressão falsa. Os trapézios indicados na figura têm os lados respectivamente iguais.

A Matemática na literatura, os ângulos

Entre as figuras geométricas mais citadas pelos escritores, devemos apontar em primeiro lugar o "ângulo".

Graça Aranha, na *Viagem maravilhosa*[1], descrevendo uma estrada pela qual era galgada uma montanha, empregou figuras geométricas com admirável precisão:

"*As linhas retas iam formando ângulos agudos* e *obtusos na encosta da montanha, que subia intricada* e *ardente.*"

Théo Filho, nas *Impressões transatlânticas,* utiliza-se da expressão "ângulo reintrante", que não é das mais comuns entre os literatos:

"*Vistas* do *ângulo mais reintrante* do *primeiro plano...*"

Em geral, os escritores não distinguem um diedro de um ângulo plano. Citemos um exemplo característico colhido em O *Guarani* de José de Alencar:

---

[1]Graça Aranha — *Viagem maravilhosa*, p. 361.

"Tirou a sua adaga e cravou-a na parede tão longe quanto lhe permitia a curva que o braço era obrigado a fazer para abarcar o ângulo."

Essa frase, indicada como exemplo, ficaria sacrificada se o famoso romancista tivesse escrito:

"... que o braço era obrigado a fazer para abarcar o diedro".

Convém lembrar, aliás, que o poeta Augusto dos Anjos, na primeira quadra de um dos seus sonetos, conseguiu encaixar um diedro perfeito:

"Ah! Porque monstruosíssimo motivo prenderam para sempre, nesta rede, dentro do ângulo diedro das paredes."

A Geometria e o amor

Aos 17 anos de idade, Madame de Staël estava sendo educada num convento da França. Costumava ir visitar uma amiga, que vivia do outro lado da praça, para a qual dava uma das fachadas do convento. Um irmão dessa amiga insistia sempre em acompanhá-la no regresso a casa, e conduzia-a, ladeando duas das faces da praça. Mas, como as primeiras impressões causadas por ela iam perdendo o primitivo ardor, ele, gradualmente, e de visita para visita, foi encurtando o caminho; até que, por fim adotou a linha mais curta, seguindo pela diagonal da praça. Madame de Staël, relembrando mais tarde este caso, observou: "Deste modo, reconheci que o seu amor foi diminuindo, na proporção exata da diagonal para os dois lados do quadrado."

Com essa observação, de forma puramente matemática, quis, talvez, a autora de *Delphine* revelar os seus conhecimentos sobre uma proposição famosa da Geometria: "A relação entre a diagonal e o lado do quadrado é igual à raiz quadrada de 2."

Formulou, entretanto, uma comparação falsa, errada e inaceitável em Geometria.

Os grandes Geômetras

ERATÓSTENES — *astrônomo grego notável e amigo do célebre Arquimedes. Era poeta, orador, matemático, filósofo e atleta completo. Tendo ficado cego em consequência de uma oftalmia, suicidou-se de desgosto, deixando-se morrer de fome.*

Viveu quatro séculos a.C.

As pérolas do Rajá

Um rajá deixou para as filhas certo número de pérolas e determinou que a divisão fosse feita do seguinte modo: a filha mais velha tiraria 1 pérola e um sétimo do que restasse; viria depois a segunda e tomaria para si 2 pérolas e um sétimo do restante; a seguir a terceira jovem se apossaria de 3 pérolas e um sétimo do que restasse. Assim sucessivamente.

As filhas mais moças queixaram-se ao juiz alegando que por esse sistema complicado de partilha seriam fatalmente prejudicadas.

O juiz — reza a tradição —, que era hábil na resolução de problemas, respondeu de imediato que as reclamantes estavam enganadas; a divisão proposta pelo velho rajá era justa e perfeita.

E ele tinha razão. Feita a partilha, cada uma das herdeiras recebeu o mesmo número de pérolas.

Pergunta-se: quantas eram as pérolas e quantas filhas tinha o rajá?

Resolução

As pérolas eram em número de 36 e deviam ser repartidas por 6 pessoas.

A primeira tirou uma pérola e mais um sétimo de 35, isto é, 5; logo tirou 6 pérolas.

A segunda, das 30 que encontrou, tirou 2 mais um sétimo de 28, que é 4; logo tirou 6.

A terceira, das 24 que encontrou tirou 3 mais um sétimo de 21 ou 3. Tirou, portanto, 6.

A quarta, das 18 que encontrou, tirou 4 e mais um sétimo de 14. E um sétimo de 14 é 2. Recebeu também 6 pérolas.

A quinta encontrou 12 pérolas; dessas 12 tirou 5 e um sétimo de 7, isto é, 1; logo tirou 6.

A filha mais moça recebeu, por fim, as 6 pérolas restantes.

Divisão áurea

Em que consiste a *divisão áurea* de um segmento?

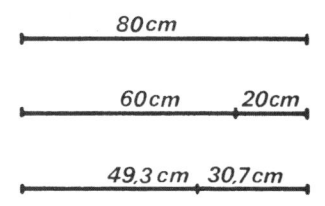

```
|─────────── 80cm ───────────|

|──────── 60cm ────────|── 20cm ──|

|─────── 49,3cm ───────|── 30,7cm ──|
```

Expliquemos, de modo elementar, esse curioso problema de Geometria.

Tomemos um segmento de 80cm de comprimento, por exemplo.

Dividamos esse segmento em duas partes desiguais, tendo a maior 60cm, e a menor 20cm.

Calculemos a razão entre o segmento todo e a maior; para isto, dividimos 80 por 60, e achamos:

$$80 \div 60 = 1,33$$

Dividindo a parte maior (60) pela menor (20) teremos:

$$60 \div 20 = 3$$

Notamos assim que os resultados não são iguais. O primeiro quociente é 1,33 e o segundo é 3.

Procuremos dividir o segmento dado em duas partes tais que o segmento *total* (80) dividido pela maior dê o mesmo resultado que a maior dividida pelo menor.

No exemplo proposto, a solução será obtida se dividirmos o segmento de 80cm em duas partes medindo respectivamente 49,3cm e 30,7cm. Temos, como é fácil verificar:

$$\frac{80}{49,3} = 1,61 \qquad \frac{49,3}{30,7} = 1,61$$

Daí a proporção:

$$\frac{\text{Segmento total}}{\text{Parte maior}} = \frac{\text{Parte maior}}{\text{Parte menor}}$$

Lê-se: O segmento total está para a parte maior assim como a parte maior está para a menor.

A divisão de um segmento feita segundo essa proporção denomina-se *divisão áurea ou divisão em média e extrema razão*.

Na divisão áurea a parte maior é denominada *segmento áureo*.

O número que exprime sempre a relação entre o segmento áureo tem o seguinte valor aproximado 1,618.

Esse número é, em geral, designado pela letra grega φ (fi).

É evidente que se quiséssemos dividir um segmento *AB* em duas partes desiguais, teríamos uma infinidade de maneiras. Há uma, porém, que parece ser a mais *agradável* ao espírito como se traduzisse uma operação harmoniosa para os nossos sentidos — é a divisão em *média e extrema razão*, a *sectio divina* de Lucas Pacioli[1], também denominada *sectio aurea* por Leonardo da Vinci.[2]

O matemático alemão Zeizing formulou, em 1855, nas suas Aetetische Farschungen, o seguinte princípio:

"Para que um todo dividido em duas partes desiguais pareça belo do ponto de vista da forma, deve apresentar entre a parte menor e a maior a mesma relação que entre esta e o todo."

"Até hoje", acentua João Ribeiro, "não se conseguiu descobrir a razão de ser, o 'porquê' dessa beleza."[3] Zeizing, que levou até muito longe os estudos, aponta vários e curiosos exemplos que constituem uma eloquente demonstração para o princípio da *sectio aurea*.

É fácil observar que o título posto na lombada de uma obra divide, em geral, o compartimento total do livro em média e extrema razão. O mesmo acontece com a linha dos

---

[1] Lucas Pacioli ou Lucas de Burgo, monge franciscano, nasceu em Burgo, na Toscana, em meados do século XV e morreu em Florença no princípio do século XVI.
[2] Leonardo da Vinci (1452-1519), célebre artista florentino, autor da *Gioconda* e da *Ceia*. Foi escultor, arquiteto, pintor, engenheiro, escritor e músico.
[3] João Ribeiro — *Páginas de estética*.

olhos que divide, nas pessoas bem conformadas, o comprimento total do rosto em média e extrema razão. Observa-se também a *sectio divina* nas partes em que as falanges dividem os dedos das mãos.

A divisão áurea aparece ainda na Música, na Poesia, na Pintura e até na Lógica.

Uma relação notável — demonstrada em Geometria — define o lado do decágono regular como sendo o segmento áureo do raio.

A divisão áurea, da qual Vitruvio[4] teve rápido vislumbre, surgiu para o mundo científico na obra de Pacioli — *Divina proportione* —, publicada em Veneza em 1509. Leonardo da Vinci, com a polimorfia de seu incomparável talento, sentiu-se também seduzido pelo mistério da chamada simetria geométrica realçada pela divisão áurea. O célebre astrônomo alemão João Kepler, que formulou as leis da gravitação universal, era um verdadeiro fetichista da divina proporção. "A Geometria", dizia ele, "tem dois tesouros. Um é o teorema de Pitágoras; o outro é a *sectio divina*."[5]

Sem os recursos da Matemática não nos seria possível compreender muitas passagens da Santa Escritura.

Santo Agostinho

---

[4] Matila C. Ghyka — *Le nombre d'or*. 3ª ed. 1931, 1 vol.
[5] Cf. *Curso de Matemática — 4.º ano*, de Euclides Roxo, Thiré e Mello e Souza.

Percentagem

Raros são os escritores de renome que não erraram em Matemática. Rui Barbosa, num vibrante discurso pronunciado no Senado, deixou escapar esta expressão:

"Isto é, no jogo dessas transações, que tão gigantesca soma de valores representam, não há deslocação do meio circulante senão na percentagem de 8 para 92." (Finanças e política da República, 1892, p.74.)

A relação de 8 para 92 não exprime, como julgava o Águia de Haia, uma percentagem. O prof. Cecil Thiré, no seu compêndio de Matemática, diz claramente: "A relação entre grandezas, quando estabelecida a tanto por cento, é denominada percentagem."

Quem poderá confundir número com algarismo? E, no entanto, Francisco d'Auria, contabilista notável, escreveu na sua *Matemática comercial*, p. 82:

"... foi adotado, na prática, o número 100 como algarismo de referência."

Transformação curiosa

É possível transformar-se o algarismo 3, escrito à esquerda, num 5 (escrito à direita), com auxílio de uma linha fechada; isto é, sem levantar a caneta do papel?

3 5

A questão proposta pertence ao número daquelas que desafiam a sagacidade dos mais hábeis solucionistas.

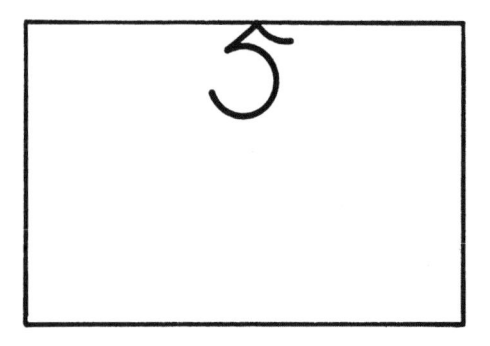

A solução — aliás muito simples — é dada pela figura acima: prolonga-se a perna superior do algarismo 3 e forma-se um retângulo; ao atingir o ponto final de fechamento completa-se o algarismo 5 com a pequena curva superior.

Morte trágica de alguns matemáticos

Tales de Mileto — asfixiado pela multidão ao sair de um espetáculo.
Arquimedes — assassinado por um soldado romano.

Eratóstenes — suicidou-se, deixando-se morrer de fome.

Hipátia — lapidada por um grupo de exaltados durante um motim em Alexandria.

Evaristo Galois — morto em duelo.

Pitágoras — assassinado, em Tarento, durante uma revolução.

١ ٢ ٣ ٤ ٥ ٦ ٧ ٨ ٩ .

Algarismos árabes

Leibniz

No seu elogio de Leibniz, Fontenele disse do grande geômetra e filósofo: "Ele gostava de ver crescerem nos jardins de outrem as plantas para as quais fornecera a semente. Estas sementes são frequentemente mais apreciadas que as próprias plantas; a arte de descobrir em Matemática é mais preciosa que a maioria das coisas que se descobrem."

Os grandes Geômetras

HIPARCO — *um dos mais eminentes astrônomos gregos, nasceu em 160 a.C. Ao ser informado do aparecimento de uma estrela de grande brilho, resolveu compor um catálogo no qual conseguiu reunir 1.080 estrelas fixas. Foi o primeiro a fixar a posição de um ponto da superfície da terra com auxílio da latitude e da longitude.*

O homem que calculava

Malba Tahan[1]

CAPÍTULO I

"*No qual encontro, durante uma excursão, um singular viajante. Que fazia o viajante e quais eram as palavras que ele pronunciava.*"

Voltava eu, certa vez, ao passo lento do meu camelo, pela estrada de Bagdá, de uma excursão às famosas ruínas de Samarra, nas margens do Tigre, quando avistei, sentado numa pedra, um viajante modestamente vestido, que parecia repousar das fadigas de alguma viagem.

Dispunha-me a dirigir ao desconhecido o *salam*[2] trivial dos caminhantes, quando, com grande surpresa, o vi se levantar e pronunciar vagarosamente:

— Um milhão, quatrocentos e vinte e três mil, setecentos e quarenta e cinco!

---

[1] Do livro *Contos de Malba Tahan*.
[2] *Salam*, saudação.

Sentou-se em seguida, e ficou em silêncio, a cabeça apoiada nas mãos, como se estivesse absorto em profunda meditação.

Parei a pequena distância e coloquei-me a observá-lo, como faria diante de um monumento histórico dos tempos lendários.

Momentos depois, o homem levantou-se novamente e, com voz clara e pausada, enunciou outro número igualmente fabuloso:

— Dois milhões, trezentos e vinte e um mil, oitocentos e sessenta e seis!

E assim, várias vezes, o singular viajante punha-se de pé, dizia em voz alta um número de vários milhões, e sentava-se, em seguida, na pedra tosca do caminho.

Sem saber dominar a curiosidade que me espicaçava, aproximei-me do desconhecido e, depois de saudá-lo em nome de Alá (com ele a oração e a glória!), perguntei-lhe a significação daqueles números que só poderiam figurar em gigantescas proporções.

— Forasteiro! — respondeu o viajante — Não censuro a curiosidade que te levou a perturbar a marcha dos meus cálculos e a serenidade dos meus pensamentos. E já que soubeste ser delicado no falar e no pedir, vou atender ao teu desejo. Para tanto, preciso, porém, contar-te a história da minha vida!

E narrou-me o seguinte:

CAPÍTULO II

"No qual o homem que calculava conta a história de sua vida. Como fiquei informado dos cálculos prodigiosos que ele realizava e porque nos tornamos companheiros de jornada."

— Chamo-me Ibraim Tavir, e nasci numa pequenina aldeia não longe de Disful, nas margens do rio Kerkab. Muito moço ainda, empreguei-me como pastor a serviço de um rico senhor persa. Todos os dias, ao nascer do sol, levava para o campo o grande rebanho e era obrigado a trazê-lo ao abrigo antes de cair a noite. Com receio de perder alguma ovelha tresmalhada e ser, por tal negligência, severamente castigado, contava-as várias vezes durante o dia. Fui, assim, adquirindo, pouco a pouco, tal habilidade em contar que, por vezes, num relance, calculava sem erro o rebanho inteiro. Não contente com isso, passei a exercitar-me, contando os pássaros quando em bandos voavam pelo céu afora. Tornei-me habilíssimo nessa arte. Ao fim de alguns meses, graças a novos e constantes exercícios, contando formigas e outros pequeninos insetos, cheguei a praticar a proeza incrível de contar todas as abelhas de um enxame! Essa façanha de calculista, porém, nada viria a valer diante das muitas outras que mais tarde pratiquei! O meu generoso amo possuía, em dois ou três oásis distantes, grandes plantações de tâmaras e, informado das minhas habilidades matemáticas, encarregou-me de dirigir a venda delas, que eram por mim contadas nos cachos, uma a uma. Trabalhei assim, junto das tamareiras, cerca de dez anos. Contente com os lucros que obteve, o meu bondoso patrão acaba de conceder-me alguns dias de repouso, e vou agora a Bagdá visitar a minha família que não vejo há muitos anos. E para não perder tempo, exercito-me durante a viagem, contando as folhas das árvores que encontro no caminho!

E, apontando para uma velha e grande figueira que se erguia a pequena distância, ajuntou:

— Aquela árvore, por exemplo, ostenta nos seus cento e noventa e dois ramos, a bagatela de um milhão, duzentos e quarenta e quatro mil, setecentos e vinte e duas folhas!

— Mac'Alá! — exclamei atônito. — É inacreditável que possa um homem contar, com um rápido olhar, todas as folhas de uma árvore! Tal habilidade pode proporcionar a qualquer pessoa, meio seguro de ganhar riquezas invejáveis!

— Como assim? — perguntou Ibraim. — Jamais me passou pela ideia que se pudesse ganhar dinheiro contando aos milhões folhas de árvores e enxames de abelhas!

— A vossa admirável habilidade — expliquei — pode ser empregada em vinte mil casos diferentes. Numa grande capital como Constantinopla, ou mesmo em Bagdá, sereis um auxiliar precioso para o governo. Podereis calcular populações, exércitos e rebanhos. Fácil vos será avaliar os recursos do país, o valor das colheitas, os impostos, as mercadorias e todas as fontes de renda do Estado. Asseguro-vos, pelas relações que mantenho, pois sou *bagdali*[3]*,* que não vos será difícil obter um lugar de destaque junto ao governador. Podeis, talvez, exercer o cargo de vizir tesoureiro ou secretário da Fazenda muçulmana!

---

[3] De um artigo publicado no livro *Matemática — 1.º ano*, de Cecil Thiré e Mello e Souza.

— Se assim é, ó jovem — respondeu o calculista —, não hesito. Vou contigo para Bagdá.

E sem mais preâmbulos, acomodou-se como pôde em cima do meu camelo (único que possuíamos), e pusemo-nos a caminhar pela larga estrada em busca da gloriosa cidade de Bagdá.

CAPÍTULO III

"A singular aventura dos 35 camelos que deviam ser repartidos por três árabes. O homem que calculava faz uma divisão que parecia impossível contentando a três interessados. O lucro inesperado que obtivemos com a transação."

Poucas horas viajamos sem interrupção, pois, logo ocorreu uma curiosa aventura na qual o homem que calculava pôs em prática, com grande talento, as suas habilidades de exímio algebrista.

Encontramos perto de um antigo caravançará, já quase em abandono, três homens que discutiam acaloradamente ao pé de uma porção de camelos.

O inteligente Ibraim Tavir procurou informar-se do que se tratava.

— Somos irmãos — disse o mais velho —, e recebemos como herança esses 35 camelos. Segundo a vontade expressa de meu pai, devo receber a metade, o meu irmão Hamed Namir, uma terça parte, e ao Harim, o mais moço, deve caber, apenas, a nona parte. Não sabemos, porém, como dividir dessa forma

35 camelos, pois a metade de 35 é 17,5! Como fazer a partilha se a terça parte e a nona parte de 35, também não são exatas?

— É muito simples — replicou o homem que calculava. — Encarrego-me de fazer, com justiça, essa divisão, se permitirem que eu junte aos 35 camelos da herança este belo animal que em boa hora aqui nos trouxe!

Neste ponto, procurei intervir na questão:

— Não posso consentir em semelhante loucura! Como poderíamos concluir a viagem se ficássemos sem o nosso camelo?

— Não te preocupes com o resultado, ó *bagdali!* — replicou em voz baixa o homem que calculava. — Sei muito bem o que estou fazendo. Cede-me o teu camelo e verás no fim a que conclusão quero chegar.

Foi tal o tom de segurança com que ele falou, que não tive dúvidas em entregar-lhe o meu belo *jamal,* que, imediatamente, foi reunido aos 35 que ali estavam, para serem repartidos pelos três herdeiros.

— Vou agora — disse ele, dirigindo-se aos três irmãos — fazer a divisão justa dos camelos que são agora, como vêm, em número de 36.

Voltando-se para o mais velho dos irmãos, assim falou:

— Devias receber, meu amigo, a metade de 35, isto é, 17,5. Receberás a metade de 36, e portanto, 18. Nada tens a reclamar, pois saíste lucrando bastante na divisão!

E voltando-se para o segundo maometano, continuou:

— E tu, Hamed Namir, devias receber um terço de 35, isto é, 11 e pouco. Vais receber um terço de 36, isto é, 12. Não poderás protestar, pois, também sais com visível lucro na transação.

E ao mais moço:

— E tu, jovem Harim Namir, segundo a vontade de teu pai, devias receber a nona parte de 35, isto é, 3 e tanto. Vais receber a nona parte de 36, isto é, 4. O teu lucro foi igualmente notável. Só tens a agradecer-me pelo resultado!

E o homem que calculava concluiu:

— Pela vantajosa divisão feita entre os irmãos Namir, partilha em que todos três saíram lucrando, couberam 18 camelos ao primeiro, 12 ao segundo e 4 ao terceiro, o que dá um resultado (18 + 12 + 4) de 34 camelos. Dos 36 camelos, sobram portanto, dois. Um pertence, como sabem, ao "bagdali", meu amigo e companheiro; o outro cabe por direito a mim, por ter resolvido, a contento de todos, o complicado problema da herança!

— Sois inteligente, ó estrangeiro! — exclamou o mais velho dos três irmãos. — Aceitamos a vossa partilha na certeza de que ela foi feita com justiça e equidade!

O homem que calculava tomou logo posse de um dos mais belos *jamales* do grupo e disse-me, entregando-me pela rédea o animal que me pertencia:

— Poderás agora, meu amigo, continuar a viagem no teu camelo manso e seguro! Tenho já um outro, especialmente para mim!

E continuamos a nossa jornada para Bagdá.

CAPÍTULO IV

"No qual encontramos um rico xeique a morrer de fome no deserto. A proposta que ele nos fez sobre os 8 pães que trazíamos, como se resolveu de modo imprevisto, o pagamento de 8 pães com 8 moedas."

Três dias depois, quando nos aproximávamos de uma pequena aldeia — denominada Lazzakka —, encontramos, caído na estrada, um pobre viajante roto e ferido.

Socorremos o infeliz e dele próprio ouvimos o relato de sua singular aventura.

Chamava-se Salem Nasair, e era um dos mais ricos mercadores de Bagdá. Ao regressar, poucos dias antes, de Bassora com uma grande caravana, fora naquele lugar atacado por um bando terrível de nômades persas do deserto. A caravana foi saqueada, e quase todos os homens pereceram nas mãos dos beduínos. Ele — o chefe — conseguira milagrosamente escapar, oculto na areia, entre os cadáveres dos seus escravos!

E, ao concluir a narrativa de sua desgraça, perguntou-nos com voz angustiosa:

— Trazeis, agora, ó muçulmanos, alguma coisa que se possa comer? Estou quase a morrer de fome!

— Tenho três pães — respondi.

— Tenho ainda cinco! — ajuntou, a meu lado, o homem que calculava.

— Pois bem — respondeu o xeique —, juntemos esses 8 pães e façamos uma sociedade única. Quando chegar a Bagdá, prometo pagar com 8 moedas de ouro o pão que comer!

Assim fizemos. No dia seguinte, ao cair da tarde, chegamos a Bagdá.

Quando atravessamos uma praça, encontramos um rico cortejo. Na frente marchava, em garboso alazão, o poderoso Ke-Pachá, um dos vizires do governador de Bagdá.

O vizir, ao avistar o xeique Salem Nasair em nossa companhia chamou-o, e fazendo parar a sua poderosa guarda, perguntou-lhe:

— Que te aconteceu, ó meu amigo? Por que te vejo chegar a Bagdá, roto e maltrapilho, em companhia de dois homens que não conheço?

O desventurado xeique narrou, minuciosamente, ao poderoso ministro tudo o que lhe ocorrera no caminho, fazendo a nosso respeito os maiores elogios.

— Paga sem perda de tempo esses dois forasteiros — ordenou-lhe o grão-vizir. E tirando de sua bolsa 8 moedas de ouro, entregou-as a Salem Nasair.

Feito o que, ajuntou:

— Quero levar-te agora mesmo ao palácio, pois o governador deseja, com certeza, ser informado da nova afronta que os bandidos e beduínos nos fizeram, atacando uma caravana de Bagdá!

O rico Salem Nasair disse-nos, então:

— Vou deixar-vos, meus amigos. Quero antes, porém, agradecer o grande auxílio que ontem recebi de vós. E para cumprir a palavra dada, vou pagar agora, com 8 dinares de ouro o pão que generosamente me destes!

E dirigindo-se ao homem que calculava, disse-lhe:

— Vais receber, pelos cinco pães, cinco moedas! — E voltando-se para mim, concluiu: — E tu, ó *bagdali!* pelos três pães, vais receber três moedas!

Com grande surpresa, o calculista objetou, respeitoso:

— Perdão, ó xeique! Essa divisão pode ser muito simples, mas não é justa! Se dei 5 pães, devo receber 7 moedas; o meu companheiro *bagdali,* que deu 3 pães, deve receber apenas 1 moeda!

— Por Alá! — exclamou o oficial interessado, vivamente, pelo caso. — Como justificar, ó estrangeiro! tão disparatada forma de pagar 8 pães com 8 moedas! Se contribuíste com 5 pães, por que exiges 7 moedas? Se o teu amigo contribuiu com 3 pães, por que deve receber uma única moeda?

O homem que calculava, aproximando-se do prestigioso ministro, assim falou:

— Vou provar, ó vizir, que a divisão das 8 moedas pela forma por mim proposta é a mais justa e a mais exata. Quando, durante a viagem, tínhamos fome, eu tirava um pão da caixa em que estavam guardados e repartia-o em três pedaços, comendo cada um de nós um desses pedaços. Todos os 8 pães foram, portanto, divididos em 3 pedaços. Se dei 5 pães, dei, é claro, 15 pedaços; se o meu companheiro deu 3 pães, contribuiu com 9 pedaços. Houve, assim, um total de 24 pedaços. Desses 24 pedaços, cada um de nós comeu 8. Ora, se eu, dos 15 pedaços que dei, comi 8, dei, na realidade, 7; o meu companheiro deu, como disse, 9 pedaços e comeu também 8, logo deu apenas 1. Os 7 que dei com 1 que o *bagdali* deu foram os 8 que couberam ao xeique Salem Nasair. Logo, é justo, que eu receba 7 moedas, e o meu companheiro receba apenas 1.

O grão-vizir, depois de fazer os maiores elogios ao homem que calculava, ordenou que lhe fossem entregues 7 moedas, pois a mim me cabia apenas, por direito, uma.

— Essa divisão — replicou o calculista —, conforme provei, é matematicamente justa, mas não é perfeita aos olhos de Deus!

E tomando as 8 moedas na mão, dividiu-as em dois grupos iguais, de 4 cada uma. Deu-me um dos grupos, guardando para ele o outro.

— Este homem é extraordinário! — exclamou o grão-vizir.

— Além de me parecer um grande sábio, habilíssimo nos cálculos e na Aritmética, é bom para o amigo e generoso para o companheiro. Tomo-te hoje mesmo, ó exímio Matemático, para meu secretário!

— Poderoso vizir — respondeu o homem que calculava —, vejo que acabas de fazer em 36 palavras, com um total de 185 letras, o maior elogio que ouvi em minha vida, que eu, para agradecer-vos, sou forçado a empregar 72 palavras nas quais figuram nada menos de 354 letras. O dobro precisamente! Que Alá vos abençoe e vos proteja!

Com tais palavras, o homem que calculava deixou a todos nós maravilhados de sua argúcia e do seu invejável talento de calculista.

O problema da pista

Quatro homens que possuíam cavalos de corrida tinham as suas casas situadas nos pontos A, B, C e D. Esses proprietários resolveram construir, de comum acordo, uma pista circular para corridas.

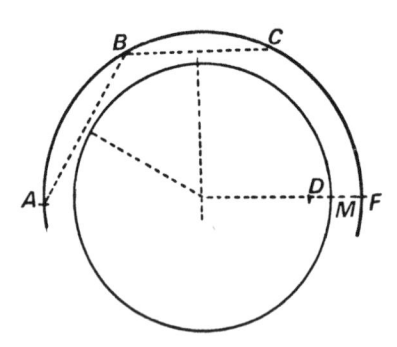

Para que não houvesse discussões combinaram que a pista passasse a igual distância das quatro casas.

O problema é simples e pode ser resolvido com a régua e o compasso.

Tracemos a circunferência que passa pelos pontos A, B, e C e que terá o centro em I. Tracemos o raio IF, que passa pelo ponto D. Pelo ponto M (meio do segmento DF), e com o centro em I, tracemos outra circunferência.

Esta circunferência resolverá o problema definido: o traçado da pista. Há outras soluções.

Retângulo áureo

Para que um retângulo seja harmonioso é necessário que a altura seja igual ao segmento áureo da base. O retângulo que apresenta essa relação notável entre as suas dimensões é denominado retângulo áureo ou retângulo módulo.

Encontramos o retângulo áureo, conforme observou Timerding no formato da maior parte dos livros, dos quadros, dos pequenos tabletes de chocolate, nos cartões-postais, nos selos etc. Assinalamos ainda o retângulo áureo nas fachadas de muitos edifícios, que se distinguem pela elegância de suas linhas arquitetônicas, e no formato comum de quase todos os jornais e revistas.

No retângulo áureo a altura é igual, aproximadamente, ao produto da base pelo número 0,618.

As potências de 11

As potências inteiras de 11 não deixam de chamar a nossa atenção e podem ser incluídas entre os produtos curiosos.

$$11 \times 11 = 121$$
$$11 \times 11 \times 11 = 1331$$
$$11 \times 11 \times 11 \times 11 = 14641$$

Disposição não menos interessante apresentam os algarismos dos números 9, 99, 999 etc. quando elevados ao quadrado:

$$9^2 = 81$$
$$99^2 = 9801$$
$$999^2 = 998001$$
$$9999^2 = 99980001$$

Vale a pena observar que o número de noves à esquerda é igual ao número de zeros que ficam entre os algarismos 8 e 1.

Ilusão de ótica

Eis uma curiosa ilusão de ótica. Na figura da página ao lado, as curvas nos aparecem como se fossem elipses deformadas. Puro engano. Todas as curvas principais do desenho são círculos que têm o centro no centro da figura.

A Matemática possui uma força maravilhosa capaz de nos fazer compreender muitos mistérios de nossa Fé.

São Jerônimo

Os grandes Geômetras

EUCLIDES — *um dos mais famosos geômetras da Antiguidade, nasceu no ano 300 a.C. e morreu em 275 a.C. Estudou em Atenas com os sucessores de Platão. Escreveu uma obra, intitulada* Os elementos, *que se tornou notável. Construiu as suas teorias geométricas baseado em várias proposições (postulados e definições) aceitas sem demonstrações. O V postulado — o das paralelas — foi que d'Alembert denominou o escândalo da Geometria.*

Origem dos sinais de relação

Roberto Record, matemático inglês, terá sempre o seu nome apontado na história da Matemática por ter sido o primeiro a empregar o sinal = (igual) para indicar igualdade. No seu primeiro livro, publicado em 1540, Record colocava o símbolo ψ entre duas expressões iguais; o sinal =, constituído por dois pequenos traços paralelos, só apareceu em 1557. Comentam alguns autores que nos manuscritos da Idade Média o sinal = aparece como uma abreviatura da palavra *est*.

Guilherme Xulander, matemático alemão, indicava a igualdade, em fins do século XVI, por dois pequenos traços paralelos verticais; até então a palavra *aequalis* aparecia, por extenso, ligando os dois membros da igualdade.

Os sinais > (maior que) e < (menor que) são devidos a Thomaz Harriot, que muito contribuiu com seus trabalhos para o desenvolvimento da análise algébrica.

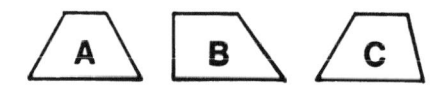

Protágoras e o discípulo

Conta-se que Protágoras, sofista notável, admitiu em sua escola o jovem Enatlus. E como este fosse pobre, firmou com o mestre um contrato: pagaria as lições quando ganhasse a primeira causa.

Terminado o curso, Enatlus não se dedicou à advocacia e preferiu trabalhar no comércio, carreira que lhe pareceu mais lucrativa.

De quando em vez, Protágoras interpelava o seu ex-discípulo sobre o pagamento das aulas e ouvia como resposta invariável a mesma desculpa:

— Logo que ganhar a primeira causa, mestre! É do nosso contrato!

Não se conformou Protágoras com o adiamento indefinido do pagamento e levou a questão aos tribunais. Queria que o jovem Enatlus fosse obrigado, pela justiça, a efetuar o pagamento da dívida.

Ao ser iniciado o processo perante o tribunal, Protágoras pediu a palavra e assim falou:

— Senhores juízes! Ou eu ganho ou perco esta questão! Se eu ganhar, o meu ex-discípulo é obrigado a me pagar pois a sentença foi a meu favor; se eu perder, o meu ex-discípulo também é obrigado a me pagar em virtude do nosso contrato, pois ganhou a primeira causa.

— Muito bem! Muito bem! — exclamaram os ouvintes. De qualquer modo, Protágoras ganha a questão!

Enatlus que era muito talentoso, ao perceber que o seu antigo mestre, queria vencê-lo por um hábil sofisma, pediu também a palavra e disse aos membros do tribunal:

— Senhores juízes! Ou eu perco ou ganho esta questão! Se perder, não sou obrigado a pagar coisa alguma, pois não ganhei a primeira causa; se ganhar também, não sou obrigado a pagar coisa alguma, pois a sentença foi a meu favor!

E dizem que os magistrados ficaram atrapalhados e não souberam lavrar a sentença sobre o caso.

O sofisma de Protágoras consistia no seguinte: quando convinha aos seus interesses, ele fazia valer o contrato, e quando este podia de qualquer forma prejudicá-lo, ele pretendia valer-se da sentença. Do mesmo sofisma, o jovem Enatlus lançou mão com grande habilidade.

Com seis palitos

Construir com seis palitos iguais quatro triângulos também iguais.

Não é possível resolver esse problema colocando-se os seis palitos sobre uma superfície plana.

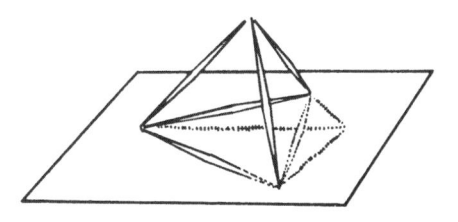

A única solução é a seguinte: colocamos os seis palitos de modo que eles formem as arestas de um tetraedro regular.

Os quatro triângulos pedidos corresponderão às quatro faces desse tetraedro.

A bravata de Arquimedes

J. C. Mello e Souza

Um fato, a que Gino Loria atribui o cunho de lenda, caracteriza o valor de Arquimedes.

Mandara Hierão construir um navio de grandes dimensões, o qual, devido a seu peso considerável, não pôde ser retirado do estaleiro e lançado ao mar. Hierão, receoso de perder o sacrifício despendido na construção da pesada nave, pediu, para a solução do caso, o auxílio do reconhecido engenho de Arquimedes. Este, utilizando-se de uma máquina que inventou especialmente para tal fim, conseguiu, com geral surpresa, deslocar a enorme embarcação e levou-a, com relativa facilidade, até o mar.

Diz-se que, ao receber as felicitações do rei pelo êxito de seus esforços, o geômetra respondeu com uma frase que encerra a bravata célebre na ciência:

— Dá-me um ponto de apoio no espaço, e eu deslocarei terra e céu!

Como pretenderia o célebre siracusano levar a termo essa proeza?

Segundo calculou Ferguson, na *Astronomy Explained*, um homem pesando 80 quilos, com uma alavanca de 20 quintilhões de quilômetros, ao cabo de vinte bilhões de anos, faria a Terra deslocar-se 25 milímetros! *Excusez du peu!*

O estudo da Matemática[1]

Euclides Roxo

Para os gregos, a Geometria acabou por tornar-se uma ciência puramente teórica e lógica, que eles estudaram quase que só pela beleza da sua estrutura.

Modernamente, porém, o estudo da Geometria e da Matemática em geral tem um grande interesse prático pela aplicação de suas verdades a problemas vitais de engenharia, de arquitetura, de física e de todas as outras ciências. Além desse interesse prático, tem como objetivo, não menos importante, a educação do pensamento lógico e do raciocínio correto.

Os sete navios

C. Laisant

Certa vez, já lá vão alguns anos, por ocasião de um congresso científico, e no fim de um almoço em que se encontravam reunidos vários matemáticos conhecidos, alguns deles ilustres,

---

[1] Do livro *Curso de Matemática — 3.º ano*, p. 13.

pertencentes a diversas nacionalidades, Eduardo Lucas anunciou-lhes, inesperadamente, que lhes ia propor um problema de matemática, e dos mais difíceis.

— Suponho — começou o ilustre geômetra —, infelizmente é simples suposição, que todos os dias, ao meio-dia, parte do Havre para Nova York um navio e que, à mesma hora, um paquete da mesma companhia parte de Nova York para o Havre. A travessia é feita sempre em sete dias, tanto num sentido como no outro. Quantos navios dessa companhia, seguindo a rota oposta, encontra, em caminho, o paquete que parte do Havre hoje ao meio-dia?

Alguns dos ilustres ouvintes responderam estouvadamente: "Sete". Outros ficaram silenciosos como se a questão os surpreendesse. Não houve um só que apresentasse a solução cxata, que a figura a seguir patenteia com nitidez perfeita.

Esse episódio, absolutamente autêntico, encerra dois ensinamentos. Mostra-nos, em primeiro lugar, quanta indulgência e quanta paciência devemos ter para os alunos que não compreendem, à primeira vista, as coisas que constituem novidade para eles; depois, torna bem visível a grandessíssima utilidade das representações gráficas. Com efeito, se o mais vulgar dos matemáticos possuísse esta noção, a figura que apresentamos ter-se-ia formado espontaneamente no seu espírito; tê-la-ia visto e não teria hesitado. Os auditores de Lucas, pelo contrário, não pensavam senão nos navios que deviam partir, e esqueciam-se dos que já iam a caminho; raciocinavam, mas não viam.

```
NOVA YORK
 0  1  2  3  4  5  6  7  8  9 10 11 12 13 14 15 16 17
```

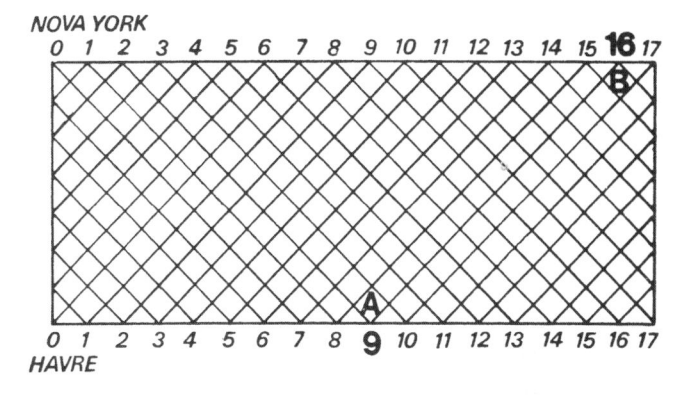

(diagrama com linha AB, ponto A em 9 na base HAVRE e ponto B em 16 no topo NOVA YORK)

```
 0  1  2  3  4  5  6  7  8  9 10 11 12 13 14 15 16 17
HAVRE
```

É, pois, certo que um vapor, cujo gráfico é AB, tendo partido do Havre no dia 9 chega a Nova York no dia 16, encontra-se no mar com 13 barcos, mais o que entra no Havre no momento da partida, e mais o que sai de Nova York no momento da chegada, isto é, 15 ao todo.

Multiplicação pela esquerda

Uma multiplicação é, em geral, iniciada pelo algarismo da direita do multiplicador; um calculista excêntrico poderia, porém, começá-la pelo algarismo da esquerda, sem tornar, por tal sistema, a operação mais trabalhosa.

No exemplo que damos abaixo, a multiplicação dos números 632 e 517 pode ser efetuada pelos dois processos.

Vemos, pela disposição dos cálculos, que os produtos parciais são os mesmos em ambos os casos, apenas colocados em ordem diversa.

Além disso, para obter-se, no segundo caso, a correspondência das unidades da mesma espécie, é preciso avançar cada produto parcial uma coluna para a direita, em relação ao produto anterior, em vez de recuá-lo uma coluna para a esquerda, como se faz comumente.

Exemplo:

632	632
517	517
4424	3160
632	632
3160	4424
326744	326744

Metamorfose do número 2

O número *dois* pode se converter, por um processo bem simples, num número *três,* e, além disso, na letra *M* também.

Para tanto, não é preciso mais do que um papel branco e uma faca com a lâmina limpa e reluzente.

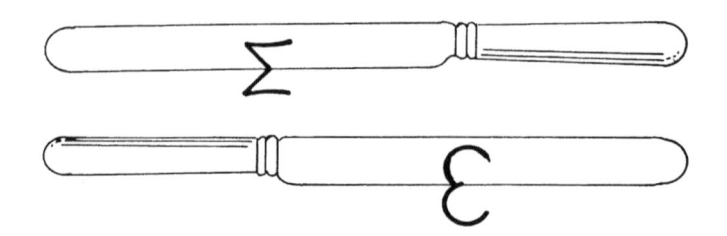

Para efetuar-se esta curiosa experiência, basta colocar a faca sobre o 2, precisamente no centro. A metade superior refletida no lado da folha formará o algarismo 3, assim como a parte inferior, refletida também na parte oposta da folha da faca, formará a letra *M*.

Curvas e equações

Dizia Taine que uma pequenina equação contém a curva imensa cuja lei traduz[2]. Completando o pensamento do grande filósofo francês, podemos acrescentar que uma curva, em sua singeleza, encerra uma infinidade de propriedades; reflete um sem-número de fórmulas; sugere um mundo de transformações. Aliás, na expressão feliz de Sofia Germain, "a Álgebra é uma Geometria escrita, e a Geometria, uma Álgebra figurada".

"O matemático não é perfeito", observa Goethe, "senão quando sente a beleza da verdade". Assim, pois, se uma equação, traduzindo certa lei, vem revelar-nos uma propriedade nova, a curva representativa dessa equação realça a incomparável "beleza dessa verdade".

---

[2] *A. Rebière* — Op. cit. p. 38.

O massacre dos judeus

O historiador Josefo, governador da Galileia, que resistiu heroicamente ao ataque das legiões de Vespasiano, sendo, afinal, vencido, refugiou-se numa caverna com 40 judeus patriotas. Sitiados pelos romanos, decidiram todos antes matarem-se do que se entregarem aos inimigos. Formaram-se em roda, e contaram 1, 2 e 3, e todo aquele em que caía o número 3 era morto.

Em que lugar, devia estar Josefo para escapar a esta horrenda matança?

A solução desse problema pode ser obtida facilmente com auxílio de um dispositivo prático: basta escrever em roda 41 números, e, começando pelo primeiro, cancelar com um traço cada número de 3 em 3.

Depois de passar por todo o quadro, continuar do mesmo modo a contar, não tomando mais em consideração os números cancelados, porque estes passam a representar os soldados mortos. Findo o trabalho, vê-se que só dois judeus escaparam àquele morticínio: foram os que se achavam nos lugares 16 e 31. Um desses lugares privilegiados escolhera para si o governador Josefo, o qual em vez de matar o seu companheiro e depois suicidar-se, resolveu entregar-se, com todas as garantias, a Vespasiano.

Eis uma lenda que parece datar do século I da era cristã.

Os reis e a Geometria

Ptolomeu Soter, rei do Egito, fundador de uma dinastia que se notabilizou, resolveu criar em Alexandria um centro de estudos, capaz de rivalizar com as escolas gregas mais notáveis de Platão e de Pitágoras.

Mandou, pois, o soberano egípcio chamar Euclides e convidou-o a ocupar, na nova "escola", em Alexandria, uma das posições mais elevadas.

Na distribuição das matérias que deviam ser estudadas na academia, a parte referente à Aritmética e à Geometria coube naturalmente a Euclides. Recomendou-lhe Ptolomeu que escrevesse um tratado no qual as noções de Geometria fossem expostas com clareza, precisão, e, também, com simplicidade.

Uma vez terminada a tarefa, Euclides levou ao rei o seu trabalho. Auxiliava-o um escravo que conduzia as numerosas folhas cuidadosamente enroladas.

O monarca, rodeado de seus generais e cortesãos, recebeu o geômetra em audiência solene. Surpreendido, talvez, com o grande desenvolvimento dado ao trabalho, o rei perguntou a Euclides se não havia outro caminho mais suave, menos espinhoso, que lhe permitisse chegar ao conhecimento da Geometria.

Respondeu o geômetra:

— Não, príncipe. Em Matemática não existe caminho algum feito especialmente para os reis!

A modéstia de Sturm

Sturm, quando se referia ao célebre teorema por ele descoberto, dizia:

"O teorema, cujo nome eu tenho a honra de usar."

Morte de Hipátia

Viveu outrora em Alexandria uma mulher que se tornou notável pela cultura matemática que possuía. Chamava-se Hipátia, e nasceu no ano 375 de nossa era. Conseguiu Hipátia atrair grande número de discípulos que dela se aproximavam atraídos pela sua eloquência, pelo seu talento, pela sua beleza e pelas suas virtudes. Essa mulher formosa, que comentou as obras de Diofanto, teve um fim trágico: foi assassinada pela populaça exaltada durante um motim ocorrido nas ruas de Alexandria.

A coroa de Hierão

Hierão, rei de Siracusa, no ano de 217 a.C., mandou ao seu ourives 10 libras de ouro para a confecção de uma coroa que ele desejava oferecer a Júpiter. Quando o rei teve a obra acabada, verificou que ela tinha as 10 libras de peso, mas a cor do ouro inspirou-lhe a desconfiança de que o ourives tivesse ligado prata com o ouro. Para pôr a limpo a dúvida, consultou Arquimedes, matemático famosíssimo.

Arquimedes, tendo achado que o ouro perde na água 52 milésimos do seu peso, e a prata, 99 milésimos, procurou saber o peso da coroa mergulhada na água e achou que era de 9 libras e 6 onças; com estes três dados, descobriu a quantidade de prata que tinha a coroa.

Quem nos poderá calcular a quantidade de ouro e de prata que continha o presente destinado ao deus dos deuses?

Há, em relação a esse problema, uma lenda muito curiosa:

Conta-se que Arquimedes pensou muito tempo sem poder resolver o problema proposto pelo rei Hierão. Um dia, estando no banho, descobriu o modo de solucioná-lo, e, entusiasmado, saiu dali a correr para o palácio do monarca, gritando pelas ruas de Siracusa: "Eureca! Eureca!" — o que quer dizer: "Achei! Achei!"

Epitáfio de Diofanto

Um problema da antologia grega apresentado sob a forma curiosa de epitáfio:

"Eis o túmulo que encerra Diofanto — maravilha de contemplar! Com um artifício aritmético a pedra ensina a sua idade:"

"Deus concedeu-lhe passar a sexta parte de sua vida na juventude; um duodécimo na adolescência; um sétimo, em seguida, foi passado num casamento estéril. Decorreram mais cinco anos, depois do que lhe nasceu um filho. Mas esse filho — desgraçado e, no entanto, bem amado! — apenas tinha atingido a metade da idade de seu pai e morreu. Quatro anos ainda, mitigando a própria dor com o estudo da ciência dos números, passou-os Diofanto, antes de chegar ao termo de sua existência."

Em linguagem algébrica, o epigrama da antologia seria traduzido pela seguinte equação do 1º grau:
na qual x representa o número de anos que viveu Diofanto.

$$\frac{x}{6} + \frac{x}{12} + \frac{x}{7} + 5 + \frac{x}{2} + 4 = x$$

Os grandes Geômetras

PTOLOMEU — *célebre astrônomo grego. Nasceu no Egito no século II e muito contribuiu, com seus estudos, para o desenvolvimento da Matemática e da Geografia. Admitia que a Terra era fixa e colocada no centro do nosso sistema. Escreveu uma obra para provar que o espaço não podia ter mais de três dimensões.*

Morte de Arquimedes

Arquimedes possuía, diz Malet, em alto grau, todas as qualidades de um grande cabo de guerra: o saber, a previdência, a decisão. Afora o caso da coroa de Hierão, o episódio, sem dúvida, mais citado da carreira de Arquimedes foi o do aparelho formado por espelhos côncavos, com o qual, pela concentração de raios solares, ele conseguiu incendiar navios romanos que lhe passassem ao alcance, fazendo incidir sobre eles "um raio ardente e destruidor".

O certo é que, por três anos, lutou Marcelo em vão contra a resistência pertinaz dos siracusanos. A força romana não lograva vencer o engenho de Arquimedes.

Siracusa só foi tomada porque certo dia, ocupados com uma festa solene em homenagem a Diana, os habitantes deixaram desguarnecido um dos lados da muralha. Os romanos, que ainda na véspera haviam sofrido sério revés, aproveitaram-se do descuido e invadiram a cidade, que foi, assim, tomada e posta a saque.

Conta-se que Arquimedes estava absorto no estudo de um problema, para cuja solução havia traçado uma figura geométrica na areia.

Um legionário romano encontrou-o e intimou-o a comparecer à presença de Marcelo. O sábio pediu-lhe que esperasse algum tempo, para que pudesse concluir a demonstração que estava fazendo.

Irritado por não ser imediatamente obedecido, o sanguinário romano, de um golpe de espada, prostrou sem vida o maior sábio do tempo.

Marcelo, que havia dado ordens no sentido de ser poupada a vida de Arquimedes, não ocultou o pesar que sentiu ao saber da morte do genial adversário. Sobre a laje do túmulo que erigiu, mandou Marcelo gravar uma esfera inscrita num cilindro, figura que lembrava um teorema do célebre geômetra.

Arquimedes, cujo nome é um patrimônio da ciência, provou o quanto pôde a inteligência humana posta ao serviço de um acendrado patriotismo.

Lugar para o 6

Tomemos o número 21578943 no qual figuram todos os algarismos significativos com exceção do 6.
Se multiplicarmos esse número por 6, vamos obter um resultado muito interessante. É um número formado por todos os algarismos, inclusive o próprio 6.

$$\begin{array}{r} 21578943 \\ \times 6 \\ \hline 129473658 \end{array}$$

Um curioso das transformações numéricas observou que os algarismos mudaram de posição de modo a permitir que o 6 pudesse aparecer no produto. Foi, afinal, uma espécie de "gentileza" que os algarismos do multiplicando quiseram fazer ao algarismo único do multiplicador.

Cone truncado

Há certas figuras geométricas completamente esquecidas pelos escritores, e que por isso não aparecem citadas nos trabalhos literários. A pirâmide truncada, por exemplo, é uma forma pouco apreciada.

Entre os corpos redondos, encontramos o tronco de cone citado com admirável precisão por Menotti del Picchia no romance *Laís*:

"Em redor, garotos lambiam a neve açucarada em cones truncados de beiju" (p. 13, 5ª ed.).

Esse mesmo escritor, no livro *Dente de ouro* (p. 136), deixou cair de sua pena esta figura interessante:

Dois ciprestes cônicos, paralelos...

Seria interessante observar essas duas figuras cônicas paralelas. O paralelismo, naturalmente, só se verifica entre os eixos dos dois cones.

Sofisma algébrico

$$2 = 3$$

Vamos provar que o número 2 é igual a 3. Tomemos a igualdade:

$$2 - 2 = 3 - 3$$

A expressão $2 - 2$ pode ser escrita sob a forma $2(1 - 1)$, e a diferença $3 - 3$ é equivalente a $3(1 - 1)$. Temos pois:

$$2(1 - 1) = 3(1 - 1)$$

Cancelando em ambos os membros dessa igualdade o fator comum, vem:

$$2 = 3$$

resultado que exprime um absurdo.

Observação

O erro do sofisma consiste em dividir ambos os membros de uma igualdade por $1 - 1$, isto é, por zero — operação que não é permitida em Álgebra.

Elogio da Matemática

Sem a Matemática, não poderia haver Astronomia; sem os recursos maravilhosos da Astronomia, seria completamente impossível a navegação. E a navegação foi o fator máximo do progresso da humanidade.

Amoroso Costa

A linha reta

Vamos encontrar nos *Elementos* de Euclides, que é a obra clássica da Geometria, as seguintes definições.

Linha é uma quantidade somente longa, isto é, sem largura nem grossura.
Linha reta é a que corre direita de um extremo a outro sem torcer para nenhuma parte.[1]

É evidente que as definições euclidianas não podem resistir a uma crítica medianamente severa, por isso que não satisfazem os requisitos que se exigem para uma boa definição. Os conceitos de comprimento e de largura, dos quais Euclides se utilizou para definir a reta, não podem ser compreendidos sem que previamente se haja fixado o conceito geral de linha.[2]

É interessante assinalar, porém, as diversas interpretações dadas pelos autores às definições do geômetra grego.

---

[1] Esses enunciados foram reproduzidos na tradução portuguesa dos *Elementos,* publicada em 1735 pelo padre Manoel Campos S. J.
[2] As chamadas definições euclidianas não passam, afinal, de descrições mais ou menos imperfeitas, baseadas em dados intuitivos.

Max Dimon, para a definição de reta, adotou o seguinte enunciado:

Reta é a curva que se conserva igual em todos os seus pontos.[3]

A forma dada por Simon, conforme a análise feita por Ugo Amaldi, pode ser interpretada de diferentes maneiras. A propriedade atribuída à reta *"de se conservar ou de se estender uniformemente em todos os seus pontos"*, não pertence exclusivamente a essa linha.

Euclides, entre os postulados, incluiu a seguinte proposição: *"Duas retas não limitam espaço algum"*[4] que encerra a propriedade relativa à determinação de uma reta por dois pontos.

Arquimedes pretendia definir a reta como sendo a *distância mais curta entre dois pontos*. Essa definição, endossada por Legendre, teve larga aceitação; no entanto, a definição arquimediana aparece deformada pelo círculo vicioso a que está presa. Como firmar o conceito de distância independentemente da noção de reta?[5]

"Na fixação das realidades iniciais em que se detém o trabalho do sábio, o princípio racional se exerce sempre sob forma negativa, reservada à experiência o papel positivo. Que desde a estreia da especulação geométrica haja a experiência intervindo de modo decisivo, é o que atesta a definição da reta

---

[3]Encontramos um Ugo Amaldi — *La retta é quella linea che giace sui suoi punti in modo uniforme.* Cf. *Questioni riguardanti le Matematiche Elementari* – I vol. p. 43.
[4]Esse princípio foi incluído entre as "noções comuns". Cf. Paul Tannery — *Mémoires scientifiques* — II vol. p. 50.
[5]Questa definizione (de Legendre) ebbe il medesimo largo successo degli *Elements de Géometrie.* Ma sono sen'zaltro manifesti i difetti che essa presenta, se non é associata ad un opportuno sistema di postulati, i quali determinando, independentemente dalla retta il concetto di lunghezza, rendendo possibile il confronto, rispetto di lunghezza di linee diverse e stabiliscano l'esistenza e l'ucinità del minimo — Ugo Amaldi, op. cit. p. 45.

conservada no *Parmênide* de Platão: "Chama-se reta a linha cujo meio está colocado sobre o trajeto entre as duas extremidades."

Esta definição não é invenção engenhosa de um teórico; refere-se à prática. "A fim de assegurar-se da retidão da linha traçada, age-se de tal sorte que o olho esteja na extremidade da linha como faz o sargento para alinhar seus homens. Corrigidos todos os desvios que se puderem perceber, a linha reduz-se a um ponto; está reta."[6]

Leibniz procurava para a reta uma definição baseada na ideia de movimento: *"A reta é a linha tal que basta imobilizarmos dois de seus pontos para que todos os outros pontos fiquem também imóveis"*; ou então: *"a reta é a linha que fica imóvel quando gira em torno de dois pontos fixos."*[7]

São também citadas, entre as definições apresentadas para a reta, as seguintes:

Reta é a linha que é dividida por um ponto em duas partes iguais.

Reta é a linha que divide o plano em duas partes que coincidem por superposição.

Esta última, atribuída a Leibniz, apresenta o grave inconveniente de subordinar a definição de reta ao conceito de plano; a outra exprime uma propriedade que se observa igualmente na hélice cilíndrica.

---

[6] L. Brunschvicg — *Les étapes de la philosophie mathématique*, 1929, p. 504.
[7] A linha não poderá ser definida senão por suas propriedades, para a compreensão das quais se torna indispensável um apelo à intuição direta. Cf. C. Gonseth — *Les fondements des mathématiques*, 1926, p. 5.

Os algarismos

É interessante observar, através dos documentos antigos, como evoluíram os algarismos antes de chegarem às formas definitivas que hoje apresentam.

Pelo quadro que damos na página seguinte, podemos observar as curiosas transformações dos símbolos de que nos servimos no cálculo.

Na primeira linha estão representados algarismos hindus que eram usuais no século X. O 6 parecia um cinco e o 5 lembra perfeitamente o quatro moderno. Esses algarismos (4, 5 e 6) remontam talvez a 150 a.C.

Na segunda linha, encontramos algarismos árabes em uso no século XII. O 7 difere muito do árabe moderno mas aproxima-se da forma que tem atualmente.

(950)

(1100)

(1385)

(1400)

(1480)

(1482)

Já no século XIV, como podemos observar na terceira linha, os algarismos tendem para as formas mais simples; o 8 e o 9 e os três primeiros (1, 2 e 3) aparecem nitidamente com seus traços bem definidos.

١٢ ٣٤ ٥٦ ٧٨٩.

O problema do xadrez[1]

Malba Tahan

Diz uma antiga lenda que Lahur Sessa ofereceu ao rei Iadava, senhor de Taligana, o jogo de xadrez por ele inventado. O monarca, encantado com o maravilhoso presente, quis dar a Sessa uma recompensa.

E, dirigindo-se ao jovem brâmane, disse-lhe:

— Quero recompensar-te, meu amigo, por este maravilhoso presente que de tanto me serviu para alívio das velhas angústias. Dize-me, pois, o que desejas para que eu possa, mais uma vez, demonstrar o quanto sou grato para com aqueles que se mostram dignos de prêmios.

As palavras com que o rei traduzia o generoso oferecimento deixaram Sessa imperturbável. A sua fisionomia serena não traiu a menor emoção, a mais insignificante mostra de alegria ou surpresa. Os vizires olhavam-no atônitos e entreolhavam-

---

[1] Incluímos aqui apenas a parte final de um conto de Malba Tahan intitulado "Recompensa de Sessa", do livro *Lendas do oásis*.

se pasmados diante da apatia de uma cobiça a que se dava o direito da mais livre expansão.

— Rei poderoso! — exclamou o jovem. — Não desejo, pelo presente que hoje vos trouxe, outra recompensa, além da satisfação de ter proporcionado ao senhor de Taligana um passatempo agradável que lhe vem aligeirar as horas dantes alongadas por uma tristeza acabrunhante. Já estou, portanto, sobejamente aquinhoado e outra qualquer paga seria excessiva.

Sorriu desdenhosamente o bom soberano ao ouvir aquela resposta que refletia um desinteresse tão raro entre os ambiciosos hindus. E, não crendo na sinceridade das palavras de Sessa, insistiu:

— Causa-me assombro a tua simplicidade e o teu desamor aos bens materiais, ó moço! A modéstia, quando excessiva, é como o vento que apaga o archote, deixando o viandante nas trevas de uma noite interminável. Para que possa o homem vencer os múltiplos obstáculos que se lhe deparam na vida, precisa ter o espírito preso às raízes de uma ambição que o encaminhe a um ideal qualquer. Exijo, portanto, que escolhas, sem mais demora, uma recompensa digna da tua valiosa oferta. Queres uma bolsa cheia de ouro? Desejas uma arca repleta de joias? Já pensaste em possuir um palácio? Almejas a administração de uma província? Aguardo a tua resposta por isto que à minha promessa está ligada a minha palavra!

— Recusar o vosso oferecimento depois de vossas últimas palavras — respondeu Sessa — seria menos uma descortesia do que desobediência ao rei. Vou, pois, aceitar pelo jogo que inventei uma recompensa que corresponda à vossa generosidade; não desejo, contudo, nem ouro nem terras ou palácios. Peço o meu pagamento em grãos de trigo.

— Grãos de trigo? — exclamou o rei, sem ocultar o espanto que lhe causava semelhante proposta. — Como poderei pagar-te com tão insignificante moeda?

— Nada mais simples — elucidou Sessa. — Dar-me-eis um grão de trigo pela primeira casa do tabuleiro; dois, pela segunda; quatro, pela terceira, oito, pela quarta; e, assim, dobrando sucessivamente até a sexagésima quarta e última casa do tabuleiro. Peço-vos, ó rei, de acordo com a vossa magnânima oferta, que autorizeis o pagamento em grãos de trigo, e assim como indiquei!

Não só o rei como os vizires e venerandos brâmanes presentes riram-se estrepitosamente ao ouvir a estranha solicitação do tímido inventor. A desambição que ditara aquele pedido era, na verdade, de causar assombro a quem menos apego tivesse aos lucros materiais da vida. O moço brâmane, que bem poderia obter do rei um palácio ou uma província, contentava-se com grãos de trigo!

— Insensato! — exclamou o rei. — Onde foste aprender tão grande desamor à fortuna? A recompensa que me pedes é ridícula. Bem sabes que há, num punhado de trigo, um número incontável de grãos. Deves compreender, portanto, que com duas ou três medidas de trigo eu te pagarei, folgadamente, consoante o teu pedido, pelas sessenta e quatro casas do tabuleiro. É certo, pois, que pretendes uma recompensa que mal chegará para distrair, durante alguns dias, a fome do último "pária"[2] do meu reino. Enfim, visto que minha palavra foi dada, vou

---

[2] Nome dado aos indivíduos privados de quaisquer direitos religiosos ou morais.

expedir ordens para que o pagamento se faça imediatamente conforme teu desejo.

Mandou o rei chamar os algebristas mais hábeis da corte e ordenou-lhes que calculassem a porção de trigo que Sessa pretendia.

Os sábios matemáticos, ao cabo de algumas horas de acurados estudos, voltaram ao salão para submeter ao rei o resultado completo de seus cálculos.

Perguntou-lhes o rei, interrompendo a partida que então jogava:

— Com quantos grãos de trigo poderei, afinal, desobrigar-me da promessa que fiz ao jovem Sessa?

— Rei magnânimo — respondeu o mais sábio dos geômetras. — Calculamos o número de grãos de trigo que constituirão o pagamento pedido por Sessa, e obtivemos um número[3], cuja grandeza é inconcebível pela imaginação humana. Avaliamos, em seguida, com o maior rigor, a quantos sacos corresponderia esse total de grãos, e chegamos à seguinte conclusão: a porção de trigo que deve ser dada a Lahur Sessa equivale a uma montanha que tendo por base a cidade de Taligana, fosse cem vezes mais alta do que o Himalaia! A Índia inteira, semeados todos os seus campos, taladas todas as suas cidades, não produziria, num século, a quantidade de trigo que, pela vossa promessa, cabe, em pleno direito, ao jovem Sessa!

---

[3]Esse número contém 20 algarismos e é o seguinte: 18.446.744.073.709.551.615.

Como descrever aqui a surpresa e o assombro que essas palavras causaram ao rei Iadava e a seus dignos vizires? O soberano hindu via-se, pela primeira vez, diante da impossibilidade de cumprir a palavra dada.

Lahur Sessa — rezam as crônicas do tempo —, como bom súdito, não quis deixar aflito o seu soberano. Depois de declarar publicamente que abria mão do pedido que fizera, dirigiu-se respeitosamente ao monarca e assim falou:

— Meditai, ó rei, sobre a grande verdade que os brâmanes prudentes tantas vezes repetem: Os homens mais avisados iludem-se, não só diante da aparência enganadora dos números, mas também com a falsa modéstia dos ambiciosos. Infeliz daquele que toma sobre os ombros o compromisso de honra por uma dívida cuja grandeza não pode avaliar com a tábua de cálculo de sua própria argúcia. Mais avisado é o que muito pondera e pouco promete! Após ligeira pausa, acrescentou: — Menos aprendemos com a ciência vã dos brâmanes do que com a experiência direta da vida e as suas lições de todo o dia, a toda hora desdenhadas! O homem que mais vive, mais sujeito está às inquietações morais, mesmo que não as queira. Achar-se-á ora triste ora alegre; hoje fervoroso, amanhã tíbio; já ativo, já preguiçoso; a compostura alternará com a leviandade. Só o verdadeiro sábio, instruído nas regras espirituais, eleva-se acima dessas vicissitudes, paira por sobre todas essas alternativas.

Essas inesperadas e tão sábias palavras calaram fundo no espírito do rei. Esquecido da montanha de trigo que, sem querer, prometera ao jovem brâmane, nomeou-o seu primeiro-vizir.

E Lahur Sessa, distraindo o rei com engenhosas partidas de xadrez e orientando-o com sábios e prudentes conselhos, prestou os mais assinalados benefícios ao seu povo e ao país para maior segurança do trono e maior glória de sua pátria.

A fama de Euclides

A fama que Euclides alcançou foi incomparável. Basta dizer que o nome de Euclides, em seu tempo, menos designava a pessoa do geômetra do que o conjunto de seus trabalhos científicos. Alguns escritores da Idade Média chegaram até a negar a existência de Euclides, e com admirável e engenhoso artifício linguístico, explicavam que a palavra Euclides não passava da corruptela de uma expressão grega formada por duas palavras que significavam, respectivamente, *chave* e *geometria*.

O número 100

Escrever uma expressão igual a 100 e na qual figurem, sem repetição, os 9 algarismos significativos.

Eis duas das soluções apresentadas para esse problema:

$$100 = 1 + 2 + 3 + 4 + 5 + 6 + 7 + 8 \times 9$$

$$100 = 91 + \frac{5742}{638}$$

Podemos também escrever o número 100 com 4 noves:

$$100 = 99 + \frac{9}{9}$$

Empregando sete vezes o algarismo 8, podemos formar uma expressão igual a 100:

$$100 = 88 + \frac{8}{8} + \frac{88}{8}$$

Há, nesse gênero, uma infinidade de pequeninos problemas numéricos.

Quadrados mágicos

Tomemos um quadrado e dividamo-lo em 4, 9, 16... quadrados iguais — os quais denominaremos casas.

Em cada uma dessas casas, coloquemos um número inteiro. A figura obtida será um *quadrado mágico* quando a soma dos números que figuram numa coluna, numa linha ou sobre uma diagonal for sempre a mesma. Esse resultado invariável é denominado *constante* do quadrado, e o número de casas de uma linha é o *módulo* do quadrado.

Os números que ocupam as diferentes casas de um quadrado mágico devem ser todos diferentes.

No original desenho de Acquarone figura um quadrado mágico de módulo 3 com a constante igual a 15.

É obscura a origem dos quadrados mágicos. Acredita-se que a construção dessas figuras constituía já, em época remota, um passatempo que prendia a atenção de um grande número de curiosos.

Como os antigos atribuíam a certos números propriedades cabalísticas, era muito natural que vissem virtudes mágicas nos arranjos especiais desses números.

Os quadrados mágicos de módulo ímpar, escreve Rouse Ball,[1] foram construídos na Índia em um período anterior à era cristã, e introduzidos por Moschopoulos, apareceram na Europa nos primeiros anos do século XV. Não poucos astrônomos e físicos da Idade Média estavam convencidos da importância desses arranjos numéricos. O famoso Cornélio Agrippa (1486-1535) construiu quadrados mágicos com os módulos 3, 4, 5, 6, 7, 8 e 9, que representavam, simbolicamente, os sete astros que os astrólogos daquele tempo denominavam *planetas*: Saturno, Júpiter, Marte, Sol, Vênus, Mercúrio e Lua. Para ele o quadrado com uma casa (módulo 1), tendo nessa casa única o número 1, simbolizava a unidade e a eternidade de Deus, e como o quadrado com 4 casas não podia ser construído, ele inferia desse fato a imperfeição dos quatro elementos: o ar, a terra, a água e o fogo; posteriormente — acrescenta ainda Rouse Ball — outros escritores afirmaram que esse quadrado

Quadrado Mágico · · · · · Quadrado Hipermágico

---

[1]Rouse Ball — *Récréations mathématiques*, II vol, p. 156.

devia simbolizar o pecado original. Agrippa, acusado de exercer feitiçaria, foi condenado a um ano de prisão.

Os orientais, que apreciavam todos os fatos correntes da vida sob o prisma da superstição, acreditavam que os quadrados mágicos eram amuletos e serviam de preservativos de certas moléstias. Um quadrado mágico de prata, preso ao pescoço, evitava o contágio da peste.

Quando um quadrado mágico apresenta certa propriedade, como, por exemplo, a de ser decomponível em vários quadrados mágicos, é denominado um *quadrado hipermágico*.

Entre os quadrados hipermágicos podemos citar os *quadrados diabólicos*. São assim denominados os quadrados que continuam mágicos quando transportamos uma coluna ou uma linha de um lado para o outro.

Entre os quadrados mágicos singulares, poderíamos citar os *bimágicos* e os *trimágicos*.

Denomina-se *bimágico* o quadrado que continua mágico quando elevamos todos os seus elementos ao quadrado. *Trimágico* é aquele que não perde a sua propriedade quando elevamos os seus elementos ao cubo.

Para a construção dos quadrados mágicos, há diversos processos.[2]

Em 1693, Frenicle de Barry publicou um estudo sobre os quadrados mágicos, apresentando uma lista completa de 880 quadrados mágicos de módulo igual a 9.

---

[2]Para um estudo mais completo, indicamos M. Kraitchik: *Traité des magiques Gauthier* — Villars, 1930.

Fermat, famoso matemático francês, fez também admiráveis estudos sobre quadrados mágicos.

Entre os que contribuíram para o desenvolvimento da teoria dos quadrados mágicos, devemos citar Euler, que consagrou várias memórias a essa curiosa recreação matemática.

Damos a seguir um quadrado mágico muito interessante de origem chinesa e que parece remontar a 2800 a.C. É curioso assinalar que nesse quadrado mágico chinês os números não são ainda representados por algarismos, mas por coleções de objetos.

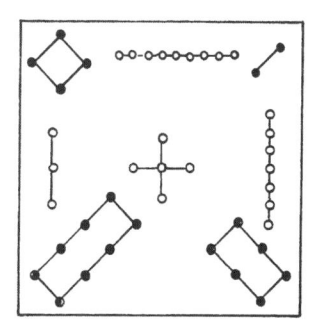

Origem dos sinais de divisão

As formas a/b e $\frac{a}{b}$, indicando a divisão de *a* por *b*, são atribuídas aos árabes; Oughtred, em 1631, colocava um ponto entre o dividendo e o divisor.

A razão entre duas quantidades é indicada pelo sinal :, que apareceu em 1657 numa obra de Oughtred. O sinal ÷, segundo Rouse Ball, resultou de uma combinação de dois sinais existentes — e :.

A mulher que pela ciência sacrificou a beleza

Luis Freire

O sábio matemático português Gomes Teixeira, em uma bela conferência sobre Mme. de Kovalewski, conta o que ouviu da esposa de Kownigsberger, o primeiro professor de Sófia: "Disse-me que Sonja tinha estado em sua casa pouco tempo depois de ser coroada pela Academia de Ciências de Paris, e que, devendo estar cheia de satisfação e orgulho por ter conseguido uma distinção tão elevada, que muitos homens desejam e poucos obtêm, estava triste e desalentada, chegando a dizer-lhe que a mulher não deve ocupar-se das ciências, que o seu destino natural é outro, que as Matemáticas são muito árduas para cérebros femininos e, enfim, que a ciência não lhe dera a felicidade."

Perguntando-lhe eu se ela era bela e se tinha o olhar sugestionador celebrado pelos seus biógrafos, respondeu: "Era muito gentil quando veio para Heidelberg; tinha fisionomia viva e meiga, olhos maravilhosos e lindos cabelos; mas ultimamente tinha perdido muito dos seus encantos por causa de uma doença nervosa, resultante dos esforços exagerados que fizera para vencer as dificuldades das questões elevadas de que se ocupara; assim, o rosto tinha-se-lhe enrugado, o aspecto tornara-se um pouco duro, os olhos tinham diminuído de brilho e os cabelos mal penteados tinham perdido a sua antiga beleza."

E Gomes Teixeira confessa com sinceridade:

— Impressionou-me o que ouvi. Causa dó ver uma mulher de tanto valor, depois de ter sacrificado à ciência a beleza, a saúde e a alegria, e, embora moça, ainda, já tão perto do fim da vida, lastimar-se por não ter sido verdadeiramente mulher, e exclamar, como um grito de dor, que a ciência não lhe trouxe felicidade.

"A glória de ter sido a discípula predileta de Weierstrass perdeu-a, porque teve de subir a regiões elevadas e difíceis da ciência, onde o trabalho exigiu dela meditação profunda e acurada, superior às suas forças físicas.

"Com um mestre de menor valor, teria trabalhado em campos científicos mais modestos, em que o seu espírito, cheio de talento e imaginação, havia de colher ainda resultados notáveis sem tão exagerado esforço."

A numeração entre os selvagens

Raja Gabaglia

Os tamanis do Orenoco têm nomes de etimologia desconhecida para os números até quatro;[1] já o número cinco é expresso por uma palavra que significa na linguagem corrente *mão inteira;* para indicar seis empregam a expressão *um de outra mão;* o sete, *dois de outra mão.* E assim vão formando sucessivamente os números até dez, que é designado por duas palavras: *duas mãos.*

Para o onze, apresentam eles as duas mãos e mostram um pé, enunciando uma frase que poderíamos traduzir: *um do pé;* o doze seria *dois do pé;* e assim por diante, até quinze, que corresponderá precisamente à frase: *um pé inteiro.*

O número dezesseis tem uma formação interessante, pois é indicado pela frase *um do outro pé;* passando ao dezessete, diriam *dois do outro pé,* e do mesmo modo iriam formando os outros números inteiros até vinte, que é *tevin itóto,* isto é, *um índio.*

O número seguinte ao *tevin itóto,* o vinte e um para os filhos do Orenoco, corresponde à expressão: uma das mãos de outro índio.

---

[1] Tylor — *Primitive Culture.*

Método semelhante é usado entre os groenlandeses, para os quais o numeral cinco é *tatdlimat* (mão); seis é *arfinek ottausek* (um sobre outra mão); vinte é *inuk navdlugo* (um homem completo). Vale a pena citar aqui, a título de curiosidade, a maneira pela qual os naturais da Groenlândia exprimem o número cinquenta e três. Esse número é expresso por uma frase que quer dizer literalmente: *três dedos do primeiro pé do terceiro homem!*

Em grande número de tribos brasileiras:[2] cairiris, caraíbas, carajás, coroados guakis, juris, omaguas, tupis etc., aparecem, com algumas variantes, os numerais digitais: os omaguas empregam a palavra *pua,* que significa *mão,* para exprimir também cinco, e com a palavra *puapua* indicam dez; os juris, com a mesma frase, indicam, indiferentemente, *homem* ou cinco. Segundo Balbi, os guaranis dizem *po-mocoi* (duas mãos) para dez e *po-petei* (uma mão) para cinco.

No Bakahiri[3] há nomes *especiais* para designar os números um, dois e três; o quatro é formado pela expressão *dois e dois;* o cinco é indicado por uma frase que significa *dois e dois e um;* analogamente formam o número seis, dizendo: *dois e dois e dois.*

Desse número (6) em diante, limitam-se a mostrar todos os dedos da mão (como aliás já faziam para os primeiros números), e depois todos os dedos dos pés, apalpando-os vagarosamente, dedo por dedo, demorando-se no dedo correspondente ao número. É um exemplo admirável de uma língua onde o gesto indica o número, não havendo vocábulos próprios, senão para os três primeiros cardinais.

---

[2]Martius — *Gloesaria liguarum brasilium.*
[3]Segundo Von den Steinen, que os analisou cuidadosamente, como mais tarde provou o erudito J. Capistrano d'Abreu, estudando a mesma língua. (Nota de Raja Gabaglia.)

E mesmo em relação à existência de vocábulos especiais para esses primeiros (um, dois, três) há dúvidas, pois Von den Steinen declara que na primeira viagem ouviu o numeral três expresso por uma palavra que significava, propriamente, *dois e um;* mais tarde, 1887, ao realizar uma segunda viagem, ouviu o mesmo número (3) indicado por outra forma, sobre cuja etimologia nada conseguiu apurar.

A Geometria

Uma geometria *não* pode ser mais verdadeira do que outra; poderá ser apenas mais cômoda.

H. Poincaré

A geometria faz com que possamos adquirir o hábito de raciocinar, e esse hábito pode ser empregado, então, na pesquisa da verdade e ajudar-nos na vida!

Jacques Bernoulli

Entre dois espíritos iguais, postos nas mesmas condições, aquele que sabe geometria é superior ao outro e adquire um vigor especial.

Pascal

Os grandes Geômetras

Omar Khayyam

Trouxeram os árabes, do século IX ao período da Renascença, grande contribuição ao progresso e ao desenvolvimento da Matemática.

Sob duas faces distintas, devemos apreciar o trabalho dos sábios maometanos. Em primeiro plano, destaquemos as traduções que eles fizeram das obras antigas dos grandes filósofos e matemáticos gregos, pois foi através dessas traduções iniciadas durante o reinado de Al-Mamum[1], que a Europa cristã veio a conhecer os gênios de Arquimedes, Ptolomeu, Euclides e Apolônio.

E, além disso, os geômetras árabes enriqueceram a ciência com um grande número de pesquisas e descobertas, cuja originalidade já tem sido fartas vezes acentuada pelos historiadores.

E a obra da ciência árabe só conseguiu alcançar os centros de cultura do Ocidente depois de ter vencido, pela força irresistível de seu valor, a formidável barreira que a rivalidade religiosa fizera erguer entre cristãos e muçulmanos.

---

[1] Califa de Bagdá, filho do famoso sultão Harun-al-Raschid, tantas vezes citados nos contos de *As mil e uma noites*.

Mais de uma página teríamos, talvez, de consagrar, em suplemento, a este capítulo, se nos dispuséssemos a citar os nomes de todos os grandes matemáticos árabes que se distinguiram e que são focalizados na História. Julgamos, porém, que seria mais interessante deixar aqui apenas alguns traços biográficos de um algebrista famoso — Omar Khayyam —, que é menos conhecido como geômetra do que como poeta.

Omar Khayyam nasceu em Nichapour, na Pérsia, em 1040.[2] Era filho de um fabricante de tendas, e deste ofício proveio o apelido "Al-Khayyami"[3], que o poeta conservou como uma homenagem à memória de seu pai.

Quando ainda muito jovem, frequentou as aulas de um mestre-escola cujo ensino se limitava a fazer com que os discípulos decorassem as 114 *suratas* do *Alcorão*[4]. Teve nesse curso dois companheiros de sua idade — Nizham Almoulq e Haçan Ibn Sabbah — com os quais firmou boa amizade.

Certa vez, por simples gracejo, fizeram os três amigos um pacto. Aquele que viesse a ocupar, no futuro, um cargo elevado, procuraria amparar e auxiliar os companheiros, de modo que todos os três pudessem participar da mesma prosperidade.

Passaram-se vários anos, e o tempo, como era natural, imprimiu rumos diferentes ao destino dos três companheiros de infância. A sorte foi favorável a Nizham Almoulq que, após

---

[2] Sobre a data do nascimento de Khayyam, só há indicações vagas e incertas. (Cf. F. Woepcke. *L'Algèbre de Omar Khayyam*, Paris, 1851, p. IV.)
[3] Al-Khayyami significa "o fabricante de tendas". A forma exata do nome de Khayyam tem sido objeto de longas discussões. Resolvemos manter a forma *Omar Khayyam* que o escritor inglês Fitzgerald consagrou na sua célebre tradução.
[4] Livro sagrado para os muçulmanos. Contém 114 capítulos ou *suratas*, com um total de 6.236 versículos. Distribuído no Brasil pela Record.

uma rápida carreira, viu-se escolhido para exercer o prestigioso cargo de grão-vizir do sultão alp-Arslan.

O poder, que deslumbra e fascina os mais fortes não fez com que Nizham esquecesse a promessa a que se achava preso desde a infância. Mandou buscar os dois amigos e ofereceu-lhes cargos de grande destaque na corte muçulmana.[5]

Omar Khayyam, que jamais se sentira movido pela ambição, nem pela glória das posições elevadas, recusou os oferecimentos do poderoso vizir. Limitou-se a aceitar um lugar modesto que lhe permitisse continuar tranquilamente os trabalhos literários e científicos de sua predileção.

Pouco tempo depois, era Omar Khayyam apontado como um dos astrônomos mais notáveis da corte do sultão Maliq-Chab. Elaborou, por ordem desse soberano, uma reforma no calendário, que entrou em vigor em 1079.

Das obras matemáticas de Omar Khayyam, devemos citar: *Tratado sobre algumas dificuldades das definições de Euclides* e as *Demonstrações dos teoremas de Álgebra*. Esta última, traduzida para o francês por F. Woepcke, tem o seguinte título: *Memoire du sage excellent Ghyath Eddin Aboul Farth Omar ben Ibrahim Alkhayyami de Nichapour (que Dieu sanctifique son âme precieuse!) sur les demonstrations des problèmes de l'Algèbre*.

Omar Khayyam abordou o estudo das equações do $2°$ grau e também procurou uma solução gráfica para as equações do $3°$ grau.

---

[5]Haçan-abn-Sabbad, nomeado, a pedido de Nizham para o lugar de camarista, procurou trair o seu amigo e protetor, intrigando-o com o califa. O indigno Haçan (apelidado "O Velho da Montanha") foi o fundador da ordem dos *Assassinos*.

A obra poética de Omar Khayyam, intitulada *Rubaiyat*[6], foi escrita em persa, mas já tem sido traduzida para quase todos os idiomas.[7] O simbolismo profundo que se nos depara no *Rubaiyat* deixa-nos perceber que Omar Khayyam foi um descrente envenenado pelo mais negro pessimismo. Eis um de seus *rubai:*

"*Fecha o teu Alcorão. Pensa livremente e serenamente encara o céu e a terra. Ao pobre que passa dá a metade do que possuis. Perdoa a todos os culpados. Não entristeças ninguém. E esconde-te para sorrir.*"

---
[6] Plural da palavra persa *rubai*, que significa *quadra*.
[7] Há uma tradução brasileira do Dr. Octavio Tarquinio de Souza. Para o francês, o *Rubaiyat* mereceu uma admirável versão de Franz Touscaint.

Relatividade

Amoroso Costa

Se fôssemos transportados, juntamente com os nossos instrumentos de medida e com todos os objetos que nos cercam, para outra região do espaço, sem que variassem as distâncias entre todos esses objetos, nada nos revelaria semelhante mudança. É o que mostra o movimento de translação da Terra, que só conhecemos pela observação dos corpos exteriores. A expressão "posição absoluta no espaço" não tem, pois, sentido algum, e só se deve falar da posição de um objeto em relação a outros.

O mesmo diremos da expressão "grandeza absoluta". Se todos os objetos fossem simultaneamente aumentados ou diminuídos em certa proporção, o mesmo acontecendo com o nosso corpo e com os nossos instrumentos, isso nos passaria despercebido: o novo universo seria indiscernível do antigo. Não devemos, pois, considerar senão relações entre duas grandezas ou entre duas distâncias. Como admiravelmente diz Anatole France: "As coisas em si mesmas não são nem grandes nem pequenas, e quando nós achamos que o universo é vasto, essa ideia é puramente humana. Se ele fosse reduzido de súbito ao tamanho de uma avelã, todas as coisas conservando as suas proporções, nós não poderíamos perceber essa mudança. A Estrela Polar, fechada conosco dentro da avelã, gastaria, como no passado, cinquenta anos para nos enviar a sua luz."

Amoroso Costa

Luis Freire

Era Amoroso Costa um beneditino da Matemática.

Os seus trabalhos são verdadeiros modelos de arte do bem-dizer matemático: precisos, concisos, simples e elegantes, dessa elegância matemática em que Poincaré via "o sentimento da beleza, da harmonia dos números e das formas, e que só os verdadeiros matemáticos sabem adivinhar".

Nota-se em tudo que fazia Amoroso um especial cuidado que a muitos poderá parecer exagerado — de síntese, daquela síntese a que "uma hora corresponde muitas de análise".

A perfeição lógica dos seus trabalhos é notável: sempre que podia, reduzia ao mínimo o número de princípios independentes — é por esse trabalho de recorrência que, na nossa opinião, se pode bem aferir o seu espírito de elite.

Parece mesmo que ele procurava de perto reduzir tudo ao mecanismo do verdadeiro raciocínio matemático apontado por Poincaré como sendo o "recorrente".

Uma frase de Euler

Condorcet

Euler deixou Petersburgo e dirigiu-se a Berlim, para onde o chamara o rei da Prússia. Foi apresentado à rainha-mãe; esta princesa gostava das conversações com pessoas eruditas, e ela as acolhia com essa familiaridade nobre que denota nos príncipes os sentimentos de uma grandeza pessoal, independente de seu título, e que se tornara um dos caracteres dessa augusta família: no entanto, a rainha da Prússia não conseguiu obter de Euler senão monossílabos; exprobava-lhe esse acanhamento, esse embaraço que ela julgava não merecer: "Por que não quereis, então, falar-me?", perguntou-lhe afinal. "Minha senhora", respondeu o sábio, "porque venho de um país em que se enforca a quem fala."

A Álgebra dos hindus

Pierre Boutroux

Ao contrário dos sábios gregos, os hindus foram, antes de tudo, exímios calculadores. Espíritos práticos não se preocupavam em fazer com que as teorias desenvolvidas fossem rigorosas e perfeitas. Para eles, na verdade, não existia a teoria científica no rigor da palavra, mas apenas regras, formuladas em versos e — como era mais frequente — sem demonstração. "Dize-me, querida e formosa Lilavati", assim se exprimia Bhaskara, "tu que tens os olhos como os da gazela, dize-me qual é o resultado da multiplicação etc." E a seguir vinha a solução do problema proposto. Apresenta-nos Bhaskara, por essa forma, um conjunto de regras que constituem "um método fácil de cálculo, claro, conciso, suave, correto e agradável ao estudo". Uma simples coleção de indicações e de fórmulas — eis, portanto, o que era a ciência para os hindus; e por isso mesmo foram grandes algebristas.

Calculadores prodígios

M. d'Ocagne

Não poucos foram os calculadores que se tornaram célebres e cujos nomes são apontados pelos algebristas. Citemos os seguintes: Mathieu Le Coq, que com 8 anos de idade deslumbrou matemáticos em Florença; Mme. Lingré, que efetuava operações complicadíssimas no meio do ruído de animada conversação; o pastor Dinner; o inglês Jedediah Buxton; o americano Zerah Colburn, que foi sucessivamente ator, diácono metodista e professor de línguas; o escravo negro Tom Fuller, da Virgínia, que em fins do século XVII morreu com 80 anos de idade, sem saber ler nem escrever; Dase, que aplicou as suas faculdades de calculador — as únicas talvez que ele possuía — na continuação dos trabalhos das tábuas dos divisores primos de Burckbardt para os números compreendidos entre

7000000 e 10000000; o pastor siciliano Vito Mangiaveelle; os russos Ivan Petrof e Mikail Cerebinakof; Vincker, que foi objeto de experiências notáveis na Universidade de Oxford; Jacques Ivandi; o grego Diamandi, e muitos outros.

O elogio da Matemática

"Temos sempre presentes, no pensamento, aquelas palavras de Lorde Balfour, o ensaísta incomparável: 'O êxito futuro da indústria depende das pesquisas abstratas ou científicas do presente, e será aos homens de ciência que trabalham para fins puramente científicos, sem nenhum intuito de aplicação de suas doutrinas, que a humanidade ficará devedora nos tempos futuros'. Já Condorcet observava: 'O marinheiro que a exata determinação da longitude preserva do naufrágio, deve a vida a uma teoria concebida vinte séculos mais cedo por homens de gênio que tinham em vista meras geométricas'."[1]

"Privilégio grande do matemático é esta ligação íntima e misteriosa entre o seu sonho, que, fora dele, mesmo quase não interessa a ninguém, e as aplicações práticas da ciência que apaixonam a multidão e às quais ele fica aparentemente

---

[1] Raja Gabaglia (Fernando) — Trecho de um discurso pronunciado no Colégio Pedro II. Mello e Souza, *Geometria Analítica*, p. 132.

alheio. Que esse acordo entre as especulações matemáticas e a vida prática se explique por meio de argumentos metafísicos ou de teorias biológicas, não importa; é fato provado por uma experiência de mais de vinte séculos."

"Essa certeza da profunda utilidade de sua obra permite ao matemático entregar-se, sem reserva e sem remorso, aos prazeres da imaginação criadora, não tendo em vista mais do que o seu próprio ideal de beleza e de verdade. Ele se associa ao tributo de admiração e de glória com que a humanidade homenageia os sábios cujas descobertas lhe são mais acessíveis e lhe vêm trazer imediato alívio aos sofrimentos; mas sabe que a obra de um Louis Pasteur, de um Pierre Curie pressupõe os trabalhos dos matemáticos de séculos passados, e tem a esperança de que um Poincaré suscite no século XXI novos Louis Pasteur e Pierre Curie."[2]

E ainda mais:

"Quando os geômetras da Antiguidade estudavam as seções cônicas, ter-se-ia podido prever que essas curvas desempenhariam, dois mil anos depois, papel fundamental em Astronomia? E quando Pascal e Fermat lançavam os primeiros fundamentos do cálculo das probabilidades, quem teria podido supor que um dia os teóricos iriam considerar as leis da Física como sendo de maior probabilidade, tirando assim à lei natural a rigidez que nos é familiar?"

---

[2] Emile Borel — "Sobre Henrique Poincaré" — *Revista Brasileira de Matemática*, Ano I, n° 12.

Em torno desse mesmo tema, Matila C. Ghyka traça interessantes considerações:

"Coisa curiosa de se ver é que esta correspondência das especulações matemáticas (como ponto de partida, as mais paradoxais; como regras, as mais arbitrárias) com um setor conhecido ou inexplorado de nosso universo experimental se produziu sempre, acompanhada, amiúde, de grandessíssima utilidade prática. O exemplo mais divulgado, pelo menos entre engenheiros, é o cálculo dos imaginários. De há muito considerado como elucubração patológica, acabou por ser o único ramo da análise que pode representar rigorosamente os fenômenos elétricos relativos às correntes alternativas, e isto como teoria tanto como aplicação técnica. Em nota ao capítulo II, enunciei, a propósito das geometrias a 4, 5, dimensões, curiosa aplicação das 'hiperpirâmides de Pascal', ao cálculo das probabilidades. Aliás, Emílio Borel (*Introdução geométrica a algumas teorias físicas*) serve-se da geometria a 25 dimensões para abordar problemas de física molecular."

Dualidade: Mais *X*, Menos *X*

Pontes de Miranda

Núcleo, elétrons... + × − ×... a dualidade, o par, o equilíbrio... equipartição da energia... repartição homogênea, simétrica... *De nive sexangula*... o surgir do pentágono... o milagre da seção de ouro... Menor ação... A luta da Vida contra a

Monotonia... Uma Lei contra outra Lei, dentro das Leis... O 2 e o 3... Os cristais, a química do orgânico... o pentâmetro das flores, do fundo dos mares... o hexapétalo do lírio... o espelho grego... os vasos gregos... Quilix.

(Do livro O sábio e o artista)

Origem dos números fracionários

Amoroso Costa

A criação dos números fracionários resulta da consideração de objetos que se podem subdividir, ou de certas grandezas contínuas, como a distância e a duração.

Os egípcios praticavam com habilidade o cálculo das frações, como nos mostra o famoso manual redigido pelo sacerdote Ahmés em uma época em que os historiadores situam entre os anos — 2000 e 1600 —, e que faz parte da coleção Rhind, no British Museum de Londres.

Encontra-se nesse papiro, anterior a Tales de pelo menos dez séculos, uma tábua para decomposição de certas frações em somas de frações cujos numeradores são iguais à unidade. Com o seu auxílio, Ahmés resolve problemas bem complicados; aquele, por exemplo, que em linguagem moderna enunciaríamos nos seguintes termos: "Dividir 100 pães entre 5 pessoas, em partes crescendo por diferenças iguais, e de modo a que a soma das duas partes menores seja igual ao sétimo da soma das outras três."

O que caracteriza esse tratado é a ausência completa de considerações teóricas, desenvolvendo-se as operações sem justificação alguma. Se o livro de Ahmés reproduz, como tudo faz crer, o ensino dos matemáticos egípcios, a Aritmética desses não passava de uma coleção de receitas extremamente engenhosas.

Como se vê, o uso das frações vem de remota Antiguidade. Sua teoria, porém, é muito mais recente, e só nos tempos modernos foram elas tidas por verdadeiros números. A este respeito, Diofanto é um precursor, cerca do ano 300 da nossa era. Os geômetras clássicos — entre eles Euclides, na sua teoria das proporções — consideravam as frações como nomes de relações entre números.

Desenvolvido mais tarde, na Índia, por volta do século IV, o cálculo das frações foi levado ao Ocidente pelos árabes.

Só mil anos depois, entretanto, é que aparece, na Aritmética de Stevin (1585), uma exposição completa do cálculo dos *numeri rupti*, extensão das operações fundamentais já praticadas sobre os inteiros.

A contribuição contemporânea à teoria das frações está sobretudo na sua elaboração lógica e formal, dissipando as últimas dúvidas que a interpretação dos números fracionários constituem finalmente as duas subclasses em que se repartem os números racionais.

Frases célebres

A Matemática é a honra do espírito humano.

Leibniz

Nas questões matemáticas não se compreende a incerteza nem a dúvida, assim como tampouco se podem estabelecer distinções entre verdades médias e verdades de grau superior.

Hilbert

Os sinais + e – modificam a quantidade diante da qual são colocados como o adjetivo modifica o substantivo.

Cauchy

Índice Alfabético dos Autores

Abel, 47
Acquarone, 156
Agostinho (santo), 85
Agrippa (Cornélio), 157
Ahmés, 19
Alcalsâdi, 61
Alencar (José), 93
Alkarismí, 50
Almeida (Guilherme de), 30, 31
Amaldi (Ugo), 144
Anjos (Augusto dos), 94
Apolônio, 166
Aranha (Graça), 93
Aristóteles, 41, 68
Arquimedes, 96, 113, 135, 137, 138, 166
Backheuser (E.), 90, 91
Balfour (lorde), 176
Barbosa (Rui), 103
Barry (Frenicle de), 158
Bernoulli (Jacques), 165
Bertrand, 47
Bhaskara, 45, 174
Bricard, 83, 84
Borel (Émile), 177
Boutroux, 173
Brunschvig, 146
Camões, 24
Campos, S. J. (Manoel), 143
Cauchy, 182
Chateaubriand, 87, 88
Clairaut, 47
Condorcet, 173, 176
Costa (Amoroso), 142, 170, 180
Costa (Femandes), 42
Couturat, 46
Cunha (Euclides da), 75
Curie (Pierre), 177
D'Alembert, 121
Daudet (A.), 15
D'Auria (Francisco), 103
Descartes, 17, 53, 77
Dimon (Max), 144
Diofanto, 27, 45, 61, 135, 136
d'Ocagne, 174
Eratóstenes, 96
Euclides, 121, 133, 134, 143, 144, 166, 181

Euler, 159, 173
Faraday, 33
Fermat, 159, 177
Fontenele, 105
Fourrey, 36
Franca, S. J. (Leonel), 70
France (Anatole), 77, 170
Fraser, 18
Freire (Luis), 85, 161, 172
Gabaglia (Raja), 20, 163, 164
Gabaglia (F. Raja), 176
Galois, 47, 92, 103
Geber, 62
Gerbert, 70
Germain (Sofia), 131
Ghyka (Matila C.), 102, 178
Goethe, 131
Gonseth, 145
Guersey, 36
Harriot, 53, 122
Hilbert, 182
Hiparco, 106
Hipátia, 105, 134
Jacobi, 64
Jâmblico, 54, 55
Jerônimo (são), 121
Josefo, 132, 133
Kant, 14
Kepler, 102
Khayyam, 166, 167, 168, 169
Kipling, 29
Koening, 59, 60
Kovalewski, 85, 161

Kraitchik, 156
Laisant, 127
Legendre, 36, 47, 74, 100, 144
Leibniz, 105, 145, 181
Leroy, 40, 41
Lima (Veiga), 72, 74
Lisboa (Almeida), 61, 84
Le Verrier, 43
Lopes (Elcias), 63
Loria (Gino), 126
Lucas, 77, 128
Maeterlinck, 57
Maraldi, 59, 60
Mac Laurin, 60
Magne, S. J. (Augusto), 65, 66
Malba Tahan, 107, 148, 187, 188
Martius, 164
Mascheroni, 84
Miranda (Pontes de), 178
Montucla, 84
Moschopoulos, 157
Nietzsche, 83
Oughtred, 53, 159, 160
Pacioli (Lucas), 77, 128
Pascal, 47, 165, 177, 178
Pasteur (Louis), 177
Pastor (Rey), 50
Peregrino Junior, 74, 75
Petrarca, 24
Picard (Émile), 76, 91
Picchia (Menotti del), 148
Pitágoras, 39, 76, 83, 102, 105, 133
Platão, 76, 121, 133, 145

Poincaré, 26, 165, 172
Protágoras, 123, 124, 125
Ptolomeu, 136, 166
Réaumur, 59
Rebière, 13
Record (Roberto), 121
Revillout, 19
Rey (Abel), 31
Ribeiro (João), 101
Rouse Ball, 36, 54, 55, 157, 159, 158
Roxo (E.), 102
Souza (J. C. Mello e), 126
Souza (Octavio Tarquínio de), 169
Staël (Mme.), 95
Spencer, 41
Steinen, 164
Sturm, 134

Stevin, 181
Taine, 131
Tales, 21, 22, 65
Tannery (Paul), 68, 144
Tavares (Pedro), 55, 56
Teixeira (Gomes), 161, 162
Théo Filho, 93
Thiré (Cecil), 14, 40, 41, 86, 103
Viète, 13, 14, 46, 61
Vinci (Leonardo da), 102
Vitrúvio, 102
Vokringer, 43
Weierstrass, 162
Widman (João), 27, 45
Woepcke, 167, 168
Zeizing, 101
Zeuthen, 31

As novas gerações que não conheceram pessoalmente MALBA TAHAN

talvez não saibam...

que ele gostava muito de escrever — publicou mais de cem livros de Literatura Oriental, Didática e Matemática;

que ele era muito comunicativo — são incontáveis as palestras que fez no Brasil e no exterior;

que ele também foi um ótimo professor de Matemática — lecionou no Colégio Pedro II, no Instituto de Educação; e foi inédito Catedrático de Matemática da Escola Nacional de Arquitetura, atual Faculdade de Arquitetura da UFRJ;

que ele era um ser humano que se preocupava com as pessoas que eram de alguma forma discriminadas — envolveu-se pessoalmente na campanha contra a discriminação aos leprosos...

As novas gerações talvez não saibam,
mas por trás do autor *Malba Tahan* se esconde
a identidade do professor brasileiro
Julio Cesar de Mello e Souza (1895/1974).

Este livro foi composto na tipografia Bembo Std,
em corpo 11,5/16, e impresso em papel off-white
no Sistema Digital Instant Duplex da
Divisão Gráfica da Distribuidora Record.